실전 무역 | 대한민국 수출 강국 만들기

시리즈 No.1

글로벌 B2B.B2C e-Commerce
온라인 해외마케팅

CONTENTS

CHAPTER 1 글로벌 B2B.B2C e-commerce 플랫폼 분석

01 글로벌 e-Commerce 세계

02 글로벌 B2B 플랫폼

    2-1 글로벌 B2B 챔피언 Alibaba

    2-2 글로벌 B2B 원조 Global Sources

    2-3 프랑스 Kompass

    2-4 중국산 Made-in-China

    2-5 프리미엄 클래스 DHgate

    2-6 샌프란시스코 iOffer

    2-7 인도 옐로우 페이지 Trade India

    2-8 러시아 불곰 Tiu.ru

    2-9 CIS의 지존 All.biz

    2-10 영원한 추격자 Trade Key

    2-11 홍콩 DIYtrade

    2-12 대한민국 국가대표 EC21

03 글로벌 B2C 플랫폼

    3-1 글로벌 B2C 챔피언 Amazon

    3-2 글로벌 B2C 개척자 eBay

    3-3 Alibaba의 효자 Tmall

    3-4 중국 최강 B2C Taobao

    3-5 세계로 도약하는 AliExpress

    3-6 일본의 B2B2C 마왕 Rakuten

    3-7 인도 코끼리 Flipkart

    3-8 인도 카우보이 Amazon India

3-9 인도의 B2B2C 도우미 Indiamart
3-10 인도의 샛별 Snapdeal
3-11 동남아시아 접수 Lazada
04 글로벌 Digital Pay Service

CHAPTER 2 수출 과정과 절차

01 수출 견적(Quotation)
  1-1 거래조건 (Trade Terms & Conditions) 협상
  1-2 견적서 (Quotation/Proforma Invoice) 작성
02 계약서 (Contract/Agreement)
03 기타 Sales 계약서
  3-1 독점권 계약 (Certificate of Exclusive Right)
  3-2 Guarantee (하자 보증)
  3-3 MOU (Memorandum Of Understanding)
04 국제물류 (International Logistics)
  4-1 상품포장 (Packing) 및 배송(Delivery)
  4-2 선적서류 (Shipping Documents)
  4-3 선하증권 (Bill Of Lading, B/L)
  4-4 위험물 (Dangerous Goods) 수출
  4-5 물류 & 무역 용어 약자

CHAPTER 3 실전 온라인 해외마케팅

01 글로벌 온라인 키워드 마케팅
02 바이어 제품문의 (Inquiry) 사례
03 판매 제안서 (Sales proposal)
04 무역 사기 & 피싱 이메일 사례

❈ 이 책을 강력 추천함

| 이 책은 글로벌 메가 트렌드 시대를 맞아 글로벌 비즈니스의 역량 강화가 그 어느 때보다도 중요한 시점에서, 글로벌 비지니스의 새로운 사업 방법을 찾기 위해 고민하는 기업의 실무자, 글로벌 창업을 준비하는 예비 창업자, 글로벌 비즈니스를 공부하는 학생들에게 매우 유용한 길라잡이가 될 전문 실용 지침서라고 할 수 있습니다. 이 책을 통해 필자 고유의 핵심 역량인 '글로벌 실전 마케팅' 경험과 노하우를 접할 수 있는 것은 세렌디피티(Serendipity)가 될 것이며, 독자에게 보다 쉽고 빠른 길을 통해 글로벌 시장에 진출할 수 있는 방법을 제시하고 성취에 대한 확신을 줄 것으로 기대합니다.

● 최순식   남서울대학교 국제유통학과 교수(경영학 박사)
          (전) 서울산업진흥원[SBA] 'Hi Seoul' 팀장

| 필자는 지난 20여 년 간 직접 발로 뛰어가며 자신 만의 수출 노하우를 만들어 가는 "수출꾼" 입니다. 특히 글로벌 온라인 e-commerce 분야에 해박한 지식과 실무 경험을 갖추고 있습니다. 거창한 이론을 앞세우기 보다는, 전쟁터 같은 수출 현장에서 통하는 지혜가 필요한 중소기업의 수출 실무자와 책임자에게 일독을 권합니다.

● 노희일   ㈜ 라온케미칼 대표이사
          (전) LG화학 자동차밧데리 미주법인장

| 관리하는 지역 내 창업 기업 중에서 사업화 성과가 높은 기업들의 공통점은 글로벌 진출을 염두에 두고서 이에 가능한 제품을 선택했다는 것입니다. 성공을

원하는 창업 기업에게 '수출은 더 이상 선택이 아닌 필수' 입니다.

최근 창업 기업 대표 대상의 설문 조사에서, 최근 3년간 애로 사항의 단연 1순위는 '글로벌 진출 방법의 부재'였습니다. 해외 바이어의 제품 문의 시 Follow-up 등 대응 방법 부재, 해외 시장 조사 방법, 글로벌 B2B 싸이트 운용 기법 등 애로 사항에 대한 지원 요청이 올 때 마다 필자는 항상 친절한 조력자였습니다. 이 책이 글로벌 진출을 원하는데 어디서부터 어떻게 시작할 지 몰라서 도움이 필요한 초기 수출 기업, 온라인 플랫폼을 활용한 수출 방법을 찾고 있는 기업, 글로벌 온라인 플랫폼을 이용하여 해외 시장 진출을 고민하는 모든 중소기업 대표들께 꼭 필요한 실무 지침서가 될 것이라고 확신합니다.

● 조재홍   부천산업진흥재단 [BIPF] 창업도약지원팀장
           기술창업스카우터

| 필자는 끊임 없이 도전하는 정통 세일즈맨 입니다. 온라인 해외마케팅이라는 생소한 개념의 비즈니스 트렌드가 펼쳐지던 시기에 그는 이미 신세계를 경험하며 즐거움을 누리던 낭만적인 비즈니스맨 입니다. 필자의 풍부한 실전 경험이 뒷받침 된 글로벌 온라인 마케팅 최신 정보와 트렌드를 소개하는 이 책을 수출기업에 합류하기 원하는 대한민국 중소기업인들과 배우는 학생들이 필독해야 할 기본 수출 실무 교재로 강력히 추천합니다. [대한민국 수출강국 만들기] 프로젝트를 적극 지지합니다.

● 김성민   수원대학교 창업지원단 특임교수,
           벤처창업진흥협동조합 이사장
           (전) 연세대학교 창업대학원 교수

머리글

'아는 길도 물어서 가고, 돌다리도 두들겨 보고 건너라'는 옛 말이 있습니다. 해외시장을 개척하는 데 있어서는 국내에 적용되던 비즈니스 환경과는 다른 특별한 지식과 정보, 그리고 훈련 된 업무 역량(Job Skills)이 필요합니다. 친절한 안내자가 있다면 좀 더 쉽고 빠른 길을 찾을 수 있을 것입니다.

1990년대는, 이 책을 통하여 소개되는 Amazon(1994년 설립), Rakuten (1997년 설립), eBay(1995년), Alibaba (1999년) 등 사람들에게 익숙한 이름의 글로벌 B2B/B2C e-commerce 업계의 거인들이 태동하던 시기입니다. 이 시기는 또한 전 세계 사람들에게 PC와 스마트폰이 대중화 되고 인터넷 기술이 급속도로 발전하던 시대이기도 합니다.

글로벌 온라인 e-commerce 플랫폼을 활용한 해외마케팅

수출 실무 현장을 경험하며 만났던 중소기업을 경영하는 분들에게 들은 말 중에 '우리 아이템은 온라인에 맞지 않는 것 같습니다' 라는 얘기가 기억납니다. 맞는지 안 맞는지, 다른 국내외 기업들은 어떻게 하고 있는지, 이에 대해 조사한 적도 없고 지식도 없이 무조건 안 된다고 하는 분들을 대할 때 마다 저의 대답은 '해보지도 않고 되는지 안 되는지 어떻게 압니까' 였습니다.

전 세계의 기업들은 이미 e-commerce라는 고속 열차를 타고 질주하고 있는데, 낡은 자전거로 쾌속 질주하는 열차를 따라잡을 수는 없는 일입니다. 이제 자전거는 던져 버리고 빨리 고속 열차에 올라 타야 하는 것입니다.

현대 비즈니스는 변화하는 시장의 환경과 트렌드에 맞춰 신속하게 대응할 수 있는 체제가 되어 있어야 합니다.

2008년 미국 발 서브프라임 모기지(Subprime mortgage) 사태에 따른 세계적 금융 위기의 지난 10년은 미국과 유럽을 중심으로 어려운 경제 환경이 지속되었던 시기입니다. 그럼에도 불구하고 고속 질주하는 글로벌 e-commerce 시장의 규모는 다른 경제 통계와는 반대로 계속해서 큰 폭의 성장세를 이어가고 있습니다. 왜 이런 상황이 벌어지고 있는 것일까?

정보 통신 기술의 발달은 비지니스의 새로운 영역이 고속 질주할 수 있는 튼튼한 토대를 만들어 주었습니다.
20세기 말부터 본격적으로 대중화 된 인터넷은 인류의 모든 생활 방식을 바꿔놓았습니다. 이제 정보는 더 이상 어느 한 사람 또는 기업 만이 독식할 수 있는 것이 아닙니다. 누군가 원하는 정보를 찾으려고 마음만 먹으면 몇 가지 키워드 작업을 통하여 단 몇 분 안에 그 원하는 것을 쉽게 얻을 수 있게 되었습니다. 특정한 사람들만이 독점하고 있는 정보를 통하여 만들어지던 부와 권력은 이제 더 이상 설 자리를 잃고 있는 시대를 우리가 살아가고 있는 것입니다.

아무도 가지 않은 길을 선택한 사람들

인터넷 기술의 진보와 함께 이를 기반으로 한 온라인 비즈니스 세계는 이미 우리 앞에 활짝 그 꽃을 피웠습니다. 초기에 홈페이지를 통한 단순 온라인 제품 홍보와 기업의 개별 상품 판매에서 출발하여, 이제는 고유의 비즈니스 영역이 된 '전자상거래 시장(e-commerce marketplace)'이 탄생하게 되었습니다. 1990년대에 이 불확실했던 미지의 세계에 도전하는 이들이 있었고 그들에 의해 새로운 길이 만들어졌습니다.

그들은 아무도 가지 않은 이 길을 선택했습니다. 그들 중 일부는 큰 성공의

열매를 거둘 수 있었고, 그 결과로 큰 부를 창출하게 되었습니다. 그들의 도전이 있었기에 인류의 상상 속에 머물렀던 'e-commerce 세상'이 활짝 열린 것입니다.

21세기가 시작된 뒤에도 그들의 도전은 계속되고 있습니다. 또한 곳곳에서 새로운 글로벌 스타들이 탄생하고 있습니다.

AliExpress (2010년 설립), Taobao (2003년 설립), Tmall (2010년 설립), 동남아시아의 새로운 강자로 떠오른 Lazada (2012년 설립) 가 온라인 세상에 그 모습을 드러냈고, 채 10년이 지나지 않은 오늘날, 이 세계의 새로운 챔피언이 되었습니다.

계속해서 새로운 도전자들이 나올 것이고 미래에는 이 게임의 챔피언 벨트가 누구를 위해 준비된 것인지 아무도 모릅니다.

수출 기업화, 하면 된다!

국내에 글로벌 온라인 B2B 플랫폼을 활용한 중소기업의 해외 수출 시장 개척의 필요성을 기업이 인식하기 시작하고 정부의 중소기업 지원 기관들이 장려하던 시기에, 필자는 현장 실무와 정부의 중소기업 수출지원기관의 프로그램에 동참 할 기회를 갖게 되었습니다. 해외마케팅 실무자 대상의 수출실무역량강화 교육, 대학의 여러 사업단에서 학생들과 기업대표 대상의 수출 실무교육, 무역협회에서 글로벌 e-marketer 양성 아카데미 진행, 서울산업통상진흥원 Hi Seoul 브랜드 팀과 공동 브랜드 온라인 해외마케팅 바이어 발굴 작업과 실무 교육, 부천산업진흥재단 등 정부 중소기업 지원 기관에서 해외 바이어 발굴 프로젝트 수행과 멘토링 등 다양한 프로그램을 수행했습니다.

특별히 B2B 온라인 해외마케팅 실무 교육이 많았는데, 그만큼 정부와 기업의 관심과 요구가 증가하고 있다는 사실을 나타내 주는 것입니다. 현대 비즈니스에서 온라인 e-commerce 마케팅에 대한 이해와 실무 현장에서의 적용은 이제는 선택이 아니고 필수 업무 분야가 되었습니다.

필자는 40개 국 이상 해외시장을 성공적으로 개척한 경험에 기반한 현장 지식과 정보를 공유하고 함께 배우며 다양한 글로벌 e-commerce 플랫폼을 실무에 적용하고 활용하면서, 새로운 글로벌 비즈니스 환경의 과거와 현재를 경험할 수 있었고 또한 변화하는 트렌드를 파악하며 앞으로 펼쳐질 미래를 객관적인 데이터에 근거하여 조심스럽게 예측할 수 있게 되었습니다.

대한민국 수출 강국 만들기

[대한민국 수출 강국 만들기]를 위하여 전문가 그룹이 뜻을 모아서 시리즈로 책을 출간하게 되었습니다.

가장 먼저 '글로벌 B2B.B2C e-Commerce 온라인 해외마케팅' 이 출간하게 되었는데, 이 책에서 다루는 내용은 글로벌 B2B/B2C e-commerce 세계에 대한 최신의 정보와 트렌드에 관한 것입니다.

온라인에서 펼쳐지는 초고속 비즈니스 세상은 그 속도를 더하여 미래에 어떠한 모습으로 인류 앞에 나타날 것인지 아무도 정확한 예측을 할 수는 없겠지만 분명하게 알 수 있는 것은 이미 강자가 되어버린 글로벌 메이저 기업 중심의 e-commerce 업계가 주도하는 온라인 Marketplace는 그 규모가 더욱 크게 증가할 것이라는 사실은 모든 최신의 데이타와 통계를 통하여 확인 할 수 있습니다.

최신 정보의 부재가 기업을 쇠퇴하게 만드는 요인이라고 하면, 그와 반대로 최신 정보를 먼저 손에 쥐고 시장을 리드하는 기업은 더욱 기업의 활동에 힘을

더할 수 있을 것입니다.

▍영원한 강자도, 영원한 약자도 없는 글로벌 e-commerce 세계

Chapter 1 에서 소개하는 '26개의 글로벌 e-commerce 플랫폼 정보'는 다양한 기록과 최신 통계에 기초한 도표를 통해 독자가 이해하기 쉽도록 편집을 했습니다.

이러한 객관적인 데이타를 통하여 우리는 10년 전과 5년 전, 그리고 최근 2~3년 전과 현재를 비교해 보며, 지나간 짧은 세월 동안 글로벌 B2B/B2C e-commerce 업계에 커다란 지각 변동이 있었던 것을 한 눈에 파악 할 수 있고 앞으로 어떠한 모습으로 변화 되어질 것인지 전망해 볼 수 있습니다. 해외시장을 공략하는 구체적이고 실질적인 방법에 대해서 답을 줄 것입니다.

글로벌 e-commerce 세계는 이제는 공룡이 되어버린 메이저 업체를 중심으로 활발한 투자와 M&A가 이루어지고 있습니다. 거대한 규모의 경제로 떠오르는 인도와 동남아시아 등 신흥 성장 국가를 대상으로 한 막대한 투자와 M&A를 통하여 새로운 강자가 생겨나고 있고, 어제의 강자는 오늘날 초라한 모습으로 전락한 것을 확인할 수 있습니다.

영원한 강자도, 영원한 약자도 없이 글로벌 e-commerce 세계는 계속해서 역동적으로 움직이고 있습니다.

▍글로벌 e-commerce Marketplace

e-commerce 시장의 규모가 해마다 크게 증가했고, 그 상승세는 앞으로도 계속 이어질 것이라는 사실을 통계의 수치를 통하여 확인할 수 있습니다.

더불어 해외시장 진출을 현재 수행하고 있거나 계획 중인 기업에게는, 이 책에 실려 있는 최신 정보에 기초하여 '글로벌 e-commerce 플랫폼을 활용한 초기 해외시장 공략과 확대'에 대한 구체적인 실행 방안과 보다 나은 대안을 찾을 수 있을 것입니다. 기업의 제품을 알리고 판매할 수 있는 장터가 바로 e-commerce 플랫폼입니다.

해외마케팅 실무자가 가장 먼저 '글로벌 e-commerce Marketplace'에 대한 정확한 정보와 지식을 습득하고 실무 활용 역량을 키워야 하는 이유입니다.

수출의 과정과 절차, 실무 핵심 포인트 정리

Chapter 2 에서는 현장 실무 중심의 수출 전반에 대한 과정과 절차에 대한 내용입니다. 현재 많은 수출 기업의 실무에서 적용, 활용 되어지고 있는 현장 실무 중심의 이론과 적용 기법에 기반하여 '필수 핵심 항목들을 간결하게 정리' 했습니다.

초보자도 쉽게 이해하고 실무에 적용할 수 있도록, 기본 수출 견적을 내는 방법부터 무역 전문 용어 설명, 각종 영문 계약서, MOU 등 작성 시 핵심 포인트 정리, 수출 선적과 선하 증권(B/L)등 국제 물류에 대한 이해, 각종 선적 서류 양식과 쌤플 등을 수록했습니다.

실전 온라인 해외마케팅 실무 기법

Chapter 3 에서는 무역 실무에서 적용되는 온라인 해외마케팅 실무 기법에 관한 내용을 담았습니다. 해외마케팅 또는 해외영업은 국내 마케팅과는 다른 차원의 접근 방식을 요구합니다.

실무자가 알아야 할 마케팅의 중요 포인트인 글로벌 온라인 키워드 마케팅, 바이어 제품문의 (Inquiry) 사례, 판매 제안서 (Sales proposal), 무역 사기 & 피싱 이메일 사례에 관한 내용입니다. 과거에 Fax를 서신(Correspondence)의 주요 수단으로 삼던 시대는 이미 지나갔고 현대의 국제 비즈니스는 이메일을 주요 서신 수단으로 하고 있습니다. 해외에서 이메일을 통하여 피싱, 해킹 그리고 무역 사기의 목적으로 접근하여 실제 무역 현장에서 많은 피해가 발생하고 있기 때문에 해외마케팅 실무자는 가장 먼저 수신 된 이메일에 대한 분석(Screening) 능력을 갖추어야 할 것이고 대응해 나가야 할 것입니다. 이에 독자들이 이해하기 쉽도록 실무 현장에서 경험하고 취득한 다양한 사례를 통하여 학습할 수 있도록 설명과 함께 실었습니다

도 전

아무도 가지 않은 길을 선택한 사람들
그들의 도전은 아름답습니다.
신선한 에너지를 뿜어내는 샘물 같습니다.

글로벌 시장에 도전하는 이들,
글로벌 경제, 물류, 무역을 공부하는 학생들,
새로운 사업에 도전하는 예비 창업자들,
대한민국 중소기업의 수출 기업화를 위해
노력하는 모든 이들에게
이 책이 글로벌 e-commerce 마케팅에 대한 이해와
실질적인 업무 수행에 작으나마 도움이 될 수 있는
친절한 안내자가 되어주기를 바랍니다.

CHAPTER 1

글로벌 B2B.B2C e-Commerce 플랫폼 분석

01   글로벌 e-Commerce 세계

20세기 말, 급속한 정보 통신 기술의 발달에 힘입어 본격적인 인터넷 세상이 열리면서, 현재는 전세계가 지리적인 장벽을 초월하여 실시간으로 정보를 공유하는 세상이 되었다.

B2C(Business to Customer, 기업과 소비자), B2B(Business to Business, 기업과 기업), O2O(Online to Offline, 온라인 고객을 오프라인 매장으로 유도하는 형태의 사업모델), B2G(Business to Government, 기업과 정부)등 다양한 형태의 상거래가 현재 온라인 플랫폼에 기반하여 이루어지고 있으며, 이러한 형태의 전자상거래는 국경을 무너뜨렸고 이제는 대중화 된 스마트폰에 기반하여 계속해서 그 규모가 확대되고 있는 추세이다. 일반적인 상품과 더불어 디지털 Pay Service, 교육, 의료 등 다양한 서비스까지 온라인 플랫폼을 활용한 상거래가 일상화 된 시대에 우리는 살고 있다.

기존에 이루어 지던 방식의 일반적인 상거래 행위를 실물경제라고 정의한다면 온라인을 통하여 이루어 지는 이 모든 경제 활동을 '디지털경제(Digital Economy)'라고 정의하며, 이 기반 위에서 이루어 지는 일체의 거래 행위를 일반적으로 '전자상거래(Electronic Commerce / e-Commerce)'라고 정의한다.

처음 인터넷 시대가 열리던 초창기에는 상상조차 할 수 없었던 상황이 실물경제의 형태를 완전히 다른 모습으로 변화시켰다. 1990년대 중반부터 다양한 형태와 새로운 개념의 e-commerce marketplace가 탄생하기 시작했고, 2000년대에 들어와서는 더욱 빠른 속도로 진화하여 e-commerce 세계의 글로벌 거인들이 세계 곳곳에서 나타나기 시작했다.

이 모든 것은 정보 통신 기술의 발전이 뒷받침 되었기에 가능한 일이다.

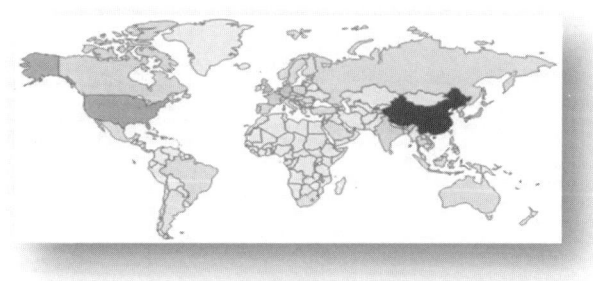

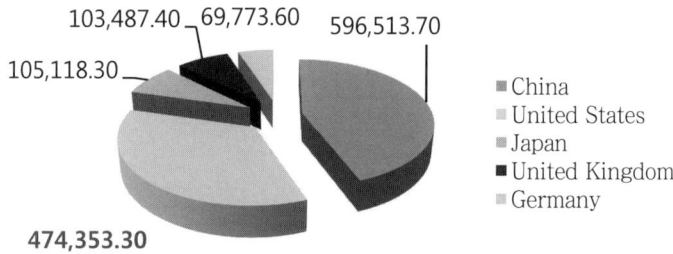

- 글로벌 e-Commerce 국가별 매출액 Feb. 2018 (단위:백만US$)

최근 몇 년 동안 글로벌 e-commerce 시장은 중국, 미국을 중심으로 지속적인 성장세를 이어가고 있는데, 첨단 기능의 스마트폰이 대중화 되어 그 규모와 속도는 계속 상승할 것으로 예측된다. 현재 스마트폰 사용 1위 국가는 중국이며 그 뒤를 인도, 미국이 뒤따르고 있으며 시장의 규모는 스마트폰 보급률과 비례하여 증가하고 있는 것이다.

이렇게 변화한 시대의 흐름에 기반하여 Alibaba Group이 주도하는 거대한 중국의 e-commerce 시장 규모는 이미 글로벌의 강자인 미국 시장의 규모를 추월했다.

2018년 2월에 발표된 통계에 의하면 중국의 e-commerce 시장 매출액은 무려 5,965억1,370만US$ (약 664.6조원)에 달한다.

또한 Amazon과 e-Bay 등 글로벌 e-commerce 시장을 선도하는 원조 거인 기업이 있는 미국 시장의 매출액은 같은 기간에 4,743억5,330만US$(511.8조원)에 이르고 있다. 그리고 일본, 영국, 독일이 그 뒤를 따르고 있는 형세다.

위 도표에는 랭크 되지 않았으나 신흥 성장 국가인 인도, 동남아시아(인도네시아, 말레이시아, 베트남 등) 시장의 급속한 성장에 주목 할 필요가 있다. 인도에는 현재 Flipkart, Indiamart, Trade India 등 B2B/B2C 플랫폼의 강자들이 활동하고 있고, 동남아시아 시장에서는 Alibaba가 인수한 B2C e-commerce Lazada의 시장 점유율이 확대되고 있는데, 향후 수 년간 이들 지역에서 펼쳐질 e-commerce 세계의 새로운 역사를 기대해 볼 수 있을 것이다.

지난 몇 년간의 자료와 동세에 따르면 글로벌 e-commerce 시장은 Alibaba, Amazon, eBay 등 기존의 선두 기업을 중심으로 지역 별 투자와 M&A 활동이 활발하게 이루어지고 있으며, 스마트폰의 대중화로 인한 모바일 기반의 새로운 서비스, Digital Pay Service의 저변 확대 등 기술과 트렌드를 선도하며 계속해서 움직이고 있는 거대한 시장인 것을 알 수 있다.

02   글로벌 B2B 플랫폼

"B2B (Business to Business)"란 "기업 대 기업" 간에 이루어지는 전자상거래(e-commerce) 행위를 말한다.

Alibaba, Tradekey, Global Sources 등 e-commerce B2B 온라인 플랫폼이 활성화 되기 시작한 1990년대 중반 이후로 온라인 상에서 수출 기업의 바이어 발굴 활동이 활발하게 이루어짐으로써 전통적인 해외전시회 참석을 통한 수출 시장 개척 활동은 이전과 비교하여 그 규모는 감소했다고 볼 수 있다. 그러나 분야별 전문 전시회 위주의 무역 활동은 여전히 유효하며 중요한 비중을 차지하고 있다.

해외 시장 진출을 위해 중소기업들은 글로벌 온라인 B2B e-commerce 플랫폼, global social media marketing, 해외 전시회 참석 등 전통과 현대의 온라인 마케팅 기법을 조화롭게 매칭하여 적극 활용할 필요성을 느낄 것이다.

현대 프로 세일즈맨의 필수, 글로벌 B2B e-commerce 플랫폼

B2B의 세계는 정통 비즈니스의 세계이며 프로 세일즈맨의 영역이다. 현대의 프로 세일즈맨 (Sales professionals)은 이전 보다 많은 온라인 플랫폼 정보와 지식, 플랫폼 운용 방법 등을 익히고 자신의 업무에 접목시켜야 한다. 그 중심에 글로벌 B2B e-commerce 플랫폼이 자리잡고 있다.

온라인을 통하여 전 세계 기업과 제품의 모든 정보가 실시간에 공개되고 공유 됨으로써, 바이어는 필요로 하는 정보를 인터넷 검색을 통하여 쉽게 얻을 수 있다. 이로 인하여 정보를 독점하고 판매권을 보유했던 중개 유통 업체와 무역 업체들이 점차 설 자리를 잃어가고 있다.

2017년 11월 GLOBE NEWSWIRE(U.S)의 보도에 따르면, Research and Markets에 제공된 "미국 B2B 전자상거래 플랫폼 시장, 2023년 전망" 보고서의 내용이 보도되었는데, 이 보고서에 따르면 글로벌 B2B (Business-to-Business) 전자 상거래 매출은 2020년까지 6.6조US$를 넘어서며 B2C(Business-to-Consumer) 플랫폼 시장 규모(2020년까지 3.2조US$)를 능가할 것이라고 예측하고 있다.

그 때까지(2020년) 미국은 B2B e-commerce 시장을 통해 약 1조9천억 US$ 이상의 매출을 창출할 것이고, B2B e-commerce와 디지털 e-commerce 분야에서 B2B 시장 규모의 증가세로 인하여 B2B는 B2C와 더 비슷해질 것으로 예측된다고 보고하고 있다.

B2B e-commerce는 고객과 비즈니스가 관련되어 있는 복잡한 환경이며 가격 변동, 고객 별 가격 책정, 대량 주문 및 특수 제품 구성을 통해 B2C와 다른 수

준의 복잡성을 지니고 있는데, 그럼에도 불구하고 큰 상승세가 이어질 것이라고 보고한다.

2017년 7조6천억 달러 시장, B2B e-commerce

다음 도표에서 확인 할 수 있듯이 거대한 글로벌 B2B e-commerce 시장은 계속 그 규모가 커져가고 있다. 2013년 총 5조8,260억US$에서 '2017년 7조6,610억US$'로 4년 동안 약 32% 규모가 확대되었고, 그 성장세는 계속 증가할 것으로 예측된다.

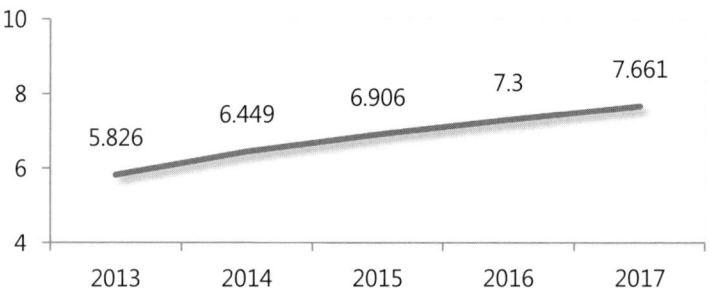

■ Global B2B e-Commerce Merchandise Volume (총구매액, GMV) 2013-2017년 (단위:조US$)

글로벌 B2B e-commerce 시장의 확대는 해외시장 진출을 진행하는 기업에게 '보다 쉬우면서 저렴한 비용의 글로벌 시장 진출 기회를 제공'하게 되었다.

또한 풀어야 할 과제도 있다. B2B 구매자의 편의성, 고급 지불 옵션에 대한 수요, 보안 문제 등 구매자의 보다 나은 서비스 요구가 증가하고 있고, 이러한 요구들이 플랫폼 성공에 결정적인 요인이 되고 있다. 또한 구매자의 복잡한 산업별 요구 사항을 충족시켜줄 수 있는 지원 서비스 기술이 지속적으로 뒷받침되어야 한다.

마찰 없는 상거래를 제공하기 위해서 플랫폼에 대한 모바일 액세스의 용이함, 편리하고 안전한 지불 서비스 제공 및 고급 지불 기능 서비스 제공, 보안 문제 등의 과제는 플랫폼 운영 주체가 풀어나가야 할 과제인 것이다.

영원한 강자가 없는 글로벌 e-commerce 세계

1990년대 중반기에서 2000년 초까지 설립된 글로벌 B2B e-commerce 플랫폼의 역사를 돌아보면 약육강식의 논리가 지배하는 세계라는 것을 실감하게 해준다.

글로벌 B2B e-commerce의 거인인 Alibaba Group은 전 세계 B2B e-commerce 시장을 독식하는 것처럼 보인다. 중국 본토의 제조 업체를 기반으로 하여 전 세계 시장을 장악했고, 2016년 동남아시아의 강자인 Lazada를 인수 한 경우에서 알 수 있듯이, 이제는 글로벌 지역별 상권마저 독식하는 듯 한 모습으로 글로벌 B2B e-commerce 업계를 독주하고 있는 모습이 펼쳐지고 있다.

반면, 2011년까지 Alibaba에 이어 2위의 자리를 지키며 Aliababa를 넘보던 Trade Key가 현재는 작은 소기업 수준에 머물며 간신히 글로벌 업계에서 생존을 유지하는 모습을 보면서, 글로벌 e-commerce 세계에서 영원한 강자는 없는 현실을 실감한다.

2018년 3월 현재, B2B Sites.Net 의 글로벌 B2B Websites 랭킹 데이타에서 1위의 위치를 수성하고 있는 Alibaba와 2위 이하 글로벌 B2B e-commerce 업계의 현황을 알 수 있다. 구체적인 통계와 데이타를 기준으로 정밀하게 분석을 해 보면 당분간은 2위 이하 플랫폼은 1위인 Alibaba와의 격차를 좁힐 수 없을 것으로 예측된다. 당분간은 Alibaba 독주 시대가 계속 이어져 나갈 것이라는 의미이다.

해외 시장 진출을 위해 Sales 일선에서 활동하고 있는 Seller의 입장에 서 있다면 B2B 플랫폼을 적극 활용하는 것이 현대 기업의 해외마케팅 활동을 위한 필수 요소가 되었다는 것이다.
　먼저 정확한 글로벌 B2B 플랫폼에 대한 최신 정보와 트렌드를 파악하는 일이 선결 되어져야 할 것이다.
　우선 수출 기업들이 알아야 할 대표적인 글로벌 온라인 B2B 플랫폼에 대한 최신의 다양한 정보를 소개한다.

Global B2B Websites Rank (Mar. 2018)
By B2B Sites Net

1	alibaba	China	11	ec21	Korea
2	manta	U.S.	12	toocle	China
3	indiamart	India	13	yandex	Russia
4	made-in-china	China	14	ecplaza	Korea
5	dhgate	India	15	hktdc	H.K.China

6	China.CN	China	16	thomasnet	U.S.
7	iOffer	U.A.	17	kompass	France
8	tradeindia	India	18	ecvv	China
9	globalsources	China	19	exportersindia	India
10	diytrade	China	20	fibre2fashion	India

2-1 글로벌 B2B 챔피언 Alibaba

글로벌 온라인 B2B e-Marketplace 특성 상, 현재 1위인 Alibaba는 다른 경쟁 글로벌 B2B 플랫폼과는 비교하기 힘든 격차가 있다. Alibaba는 현대 비즈니스 판도를 바꿔 놓았다고 말해도 과언이 아닐 것이다.

Aliababa는 1999년에 영어 선생이던 Jack Ma에 의해 중국 Hangzhou에서 설립되었으며, 중국의 제조 업체를 중심으로 해외 수출을 목표로 한 글로벌 B2B e-commerce 플랫폼으로 출발하였다.
중국의 개방 이후 '세계의 제조공장'이라는 말을 들으며 전 세계의 바이어들을 중국으로 끌어 들이던 시대의 트렌드와 인터넷 기술의 비약적인 발전, 보급 등이 절묘하게 조화를 이루어 급성장 하게 되었으며, 현재는 Alibaba Group 산하에 중국 최대의 모바일 상거래 플랫폼 Taobao, Tmall, AliExpress, 1688.com, Alimama, 클라우드 서비스 제공 기업인 Alibaba Cloud, 동남아시아 글로벌 B2C의 강자인 Lazada 등의 업체를 보유한 글로벌 최대의 e-commerce 기업이 되었다.

아래 도표에서 확인할 수 있듯이 Alibaba Group의 2017년 3월 회계연도에 보고된 연간 순매출액은 약 1,580억RMB (약 27조원, 250억US$) 에 달한다. 2016년 대비 56%(약 1.6배), 2010년 대비 2,600%(26배)의 급 성장을 하고 있다. Alibaba는 B2C의 강자 Amazone과 함께 현존하는 세계 최대 e-commerce 기업이다.

2017년 글로벌 B2C 챔피언 Amazon의 연 매출액은 약 1,780억US$ (약 1,869조원) 였다.

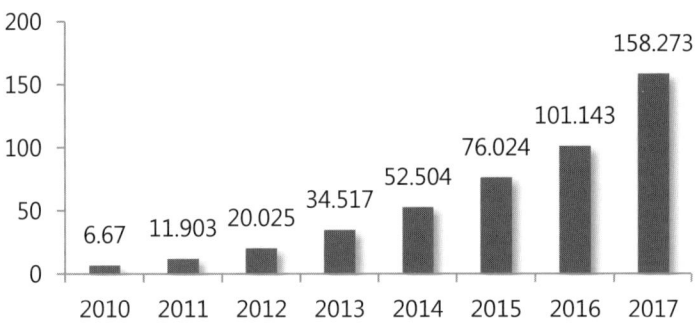

■ Alibaba Group의 연간 순매출액 (단위:10억RMB)

2018년 2월 Alibaba Group이 발표한 2017년 4Q 보고서에 따르면 2017. 4Q 매출액만 RMB83,028 million (US$12,761 million)으로 약 '13조7,000억원' 에 이른다.

전년도 같은 분기 대비하여 56% 증가한 수치이며 사업 분야 별 매출 비중은 아래 도표를 통해 확인할 수 있다.

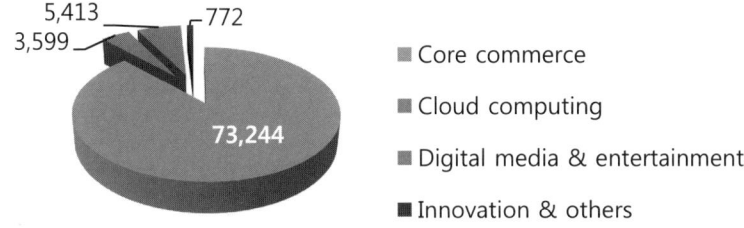

- Alibaba Group 2017. 4Q.사업분야별 매출액 (단위:백만RMB)

Alibaba Group 사업 분야 별 매출액 (4Q. 2017)		
■ Core commerce (88.22%)	RMB73,244 million US$11,257 million	57% ↑
■ Cloud computing (4.33%)	RMB3,599 million US$533 million	104% ↑
■ Digital media & entertainment (6.52%)	RMB5,413 million US$832 million	33% ↑
■ Innovation initiatives & others (0.93%)	RMB772 million US$119 million	9% ↑

약 88%에 이르는 대부분의 매출이 플랫폼을 기반으로 한 e-commerce 서비스를 통해 창출되고 있으며, 그 외에 cloud computing, digital media, entertainment 등을 통해 창출 되어지고 있다.

최근 2016년에서 2017년 한 해 동안의 순수 e-commerce 서비스를 통한 매출 증가율이 무려 57%에 달한다. 천체 글로벌 e-commerce 시장의 지속적인 성장은 중국과 글로벌 시장을 선점하고 선도해 나가는 Alibaba Group에게는 계속 기회를 제공해 주고 있다. 전체 e-commerce 시장 확대와 함께 그 성장 규모는 더 확대될 것으로 예측된다.

　글로벌 온라인 B2B 업계에서는 단연 1위만이 존재의 가치를 증명하고 있다. Aliabab는 2017년 현재 '고용 직원 수 50,000명, 사용자 240개 국, 계정 등록 사용자 수 4,500만 명 이상'으로 보고되고 있다.

　다음 도표가 보여주듯이 Alibaba는 2016년 중국에서 43%의 점유율을 보여주고 있으며 전통적인 글로벌 강자인 Global Sources (4.1%) 등이 그 뒤를 잇고 있다.

　Alibaba의 2012년(3Q) 1억5,400만 명, 2013년(3Q) 2억200만 명, 2015년(3Q) 3억8,600만 명, 그리고 2017년(3Q)에는 4억8,800만 명이 Alibaba의 계정 보유자로써 활동하고 있는 것을 데이터를 통해 확인 할 수 있다.

　Alibaba는 매출액을 비롯하여 해마다 새로운 기록을 세우고 있는데 계정 보유자 수는 계속해서 증가할 것으로 예측된다.

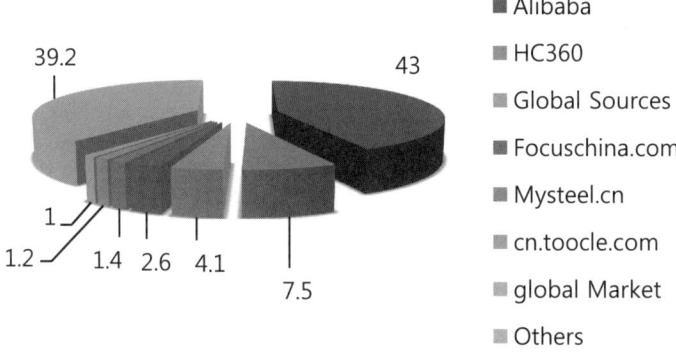

- 중국 B2B e-Commerce Platforms 시장 점유율(2016년, 단위: %)

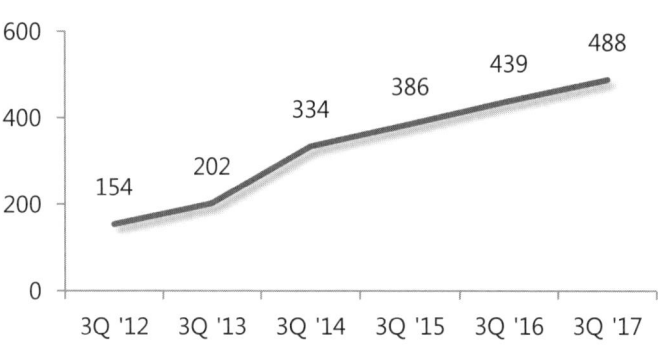

- Alibaba의 활동 고객수 (단위:백만 명/Q)

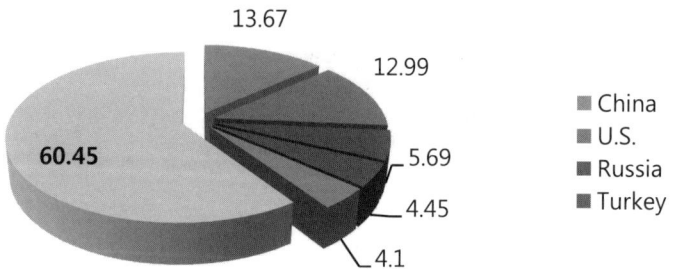

- alibaba.com의 트래픽 분포도 % (Feb.2018)

아래 도표에서 확인할 수 있듯이 중국과 미국, 러시아, 터키, 인도 등 전 세계에 골고루 분포되어 있으며 최근 6개월(2017.9.~2018.2월) 동안 월 평균 방문객 수는 1억6,475만 명이다.

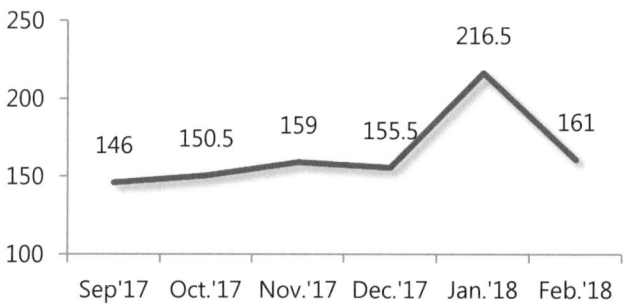

- alibaba.com 방문자수 (단위:백만명/월)

Aliabab는 현재 세계 최대의 B2B e-commerce 플랫폼인 사실인 것을 모든 객관적인 통계 자료를 통해 확인할 수 있다.

2-2 글로벌 B2B 원조 Global Sources

Asian Sources Ltd. 는 1970년 11월 Merle Hinrich가 그의 파트너 Joe Bendy와 함께 홍콩에 설립을 하였다. 회사 설립 3개월 뒤인 1971년에 'Asian Sources'라는 월간 무역 잡지를 발행하기 시작했는데 'a monthly magazine that will serve businessmen active in the trade of consumer products made in Asia for export to Western markets' 라는 표지의 소개 글과 함께 오프라인에서 본격적인 무역 정기 간행물로써의 활동을 시작하게 되었다.

1979년에 'Asian Sources Electronic Components' 라는 무역 간행물을 발행하기 시작했는데, 이 간행물 발행이 회사에 큰 성공을 가져다 주는 시발점이 되었다.

Asian Sources는 디렉토리 형식으로 제조 업체와 제품을 소개하는 형식의 무역 정기 간행물로서 중국의 중소 제조업체를 해외에 알리는데 큰 역할을 해 왔다. 1982년에 발행하기 시작한 'Asian Sources Gifts & Home Products' 라는 타이틀의 무역 간행물을 발행하기 시작했는데 이전보다 구매자의 수요를 더욱 충족시켜주는 Asian Sources의 종합 무역 간행물로서 지금까지 Asian Sources를 대표하는 무역 간행물로 인정되고 있다.

본격적인 온라인 사업인 'Asian Sources Online'은 '글로벌 온라인 B2B Marketplace' 로서 Asian Sources가 본격적으로 온라인 시장에 첫 발을 내딛는 출발점이 되었다. 이후 1999년에 온라인 B2B e-commerce 기업으로의 시장 진입을 알리는 'Global Sources'를 시작하였다.

Global Sources는 글로벌 e-commerce 시장이 활발하게 태동하고 활동을 시작하던 시기인 2000년에 'Korean Sources Online', 'Thailand Sources Online', 'India Sources Online' 등을 차례로 론칭 하면서, 오프라인에서의 명성과 함께 본격적인 온라인 플랫폼 기업으로 변모하며 글로벌 e-commerce 시장을 선도하는 대표적인 기업으로 위상을 갖추게 되었다.

Global Sources는 2003년에 'China Sourcing Fairs'를 처음 홍콩에서 시작했는데, 중국 제조 업체를 소개하는 무역 박람회로써의 명성을 이어가게 되었다. Global Sources 홍콩 전시회는 전자제품, 선물용품 & 가정용품, 패션 등 분야별로 정기적인 전시회로써 위상을 갖추게 되었으며, 현재 Globlal Sources 주력 사업 중에 하나로써 그 역할을 하고 있다.

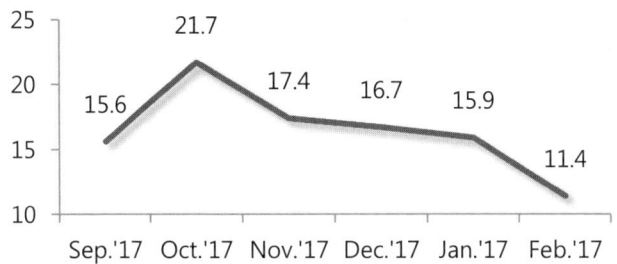

■　Globalsources.com 방문자수 (단위:백만명/월)

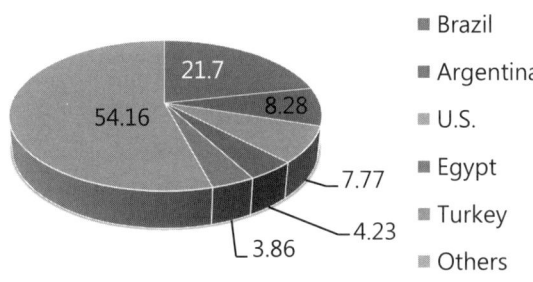

■　Globalsources.com 트래픽 분포도 % (Feb.2018)

Global Sources가 2017년 3월에 발표한 2016년도 하반기 매출액은 7,580만 달러에 달한다.

2-3 프랑스 Kompass

　Kompass는 2차 세계대전 직후인 1947년 프랑스에서 설립되었다. 홍콩에서 출발한 Global Sources와 마찬가지로 처음에 유럽 시장에 업체를 소개하는 B2B 간행물을 발행하는 사업 모델로 출발하여 현재는 72 개국에 7개의 자회사와 65개의 파트너를 보유한 기업이며 B2B e-commerce 플랫폼인 compass.com을 운영하고 있다.

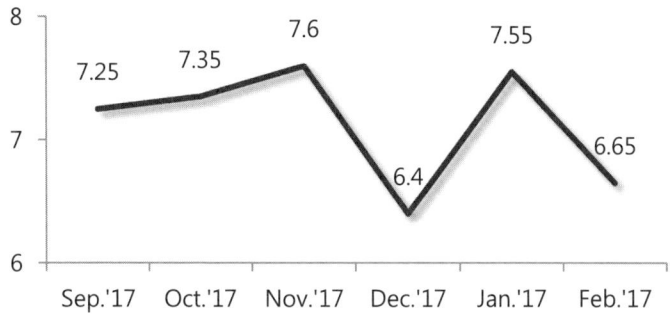

- kompass.com 방문자수 (단위:백만명/월)

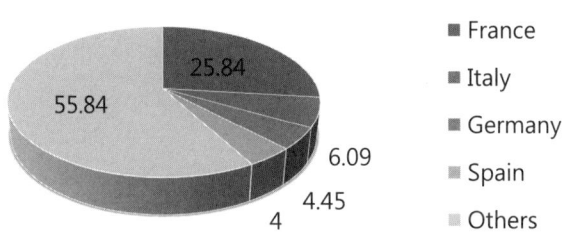

- kompasss.com 트래픽 분포도 % (Feb. 2018)

2-4 중국산 Made-in-China

1998년 중국의 Focus Technology Co., Ltd.가 설립한 글로벌 B2B e-commerce 플랫폼이며 영어와 한국어 포함 11개 언어로 표시하는 자동 번역 서비스가 제공된다. 최근 6개월 동안 월 평균 1,600만 명의 방문자수를 기록하고 있다.

1998년 중국의 Focus Technology Co., Ltd.가 설립한 글로벌 B2B e-commerce 플랫폼이며 영어와 한국어 포함 11개 언어로 표시하는 자동 번역 서비스가 제공된다. 최근 6개월 동안 월 평균 1,600만 명의 방문자수를 기록하고 있다.

■ made-in-china.com 방문자수 (단위:백만명/월)

도표에서 알 수 있듯이 made-in-china는 글로벌 B2C 플랫폼으로써 전 세계에서 고른 트래픽 분포도를 보여주고 있으며 월 평균 방문자 수도 Alibaba를 제외한 나머지 순위 그룹의 글로벌 B2B 플랫폼과 비교해 볼 때 상위 랭크에 해당되는 수치이다.

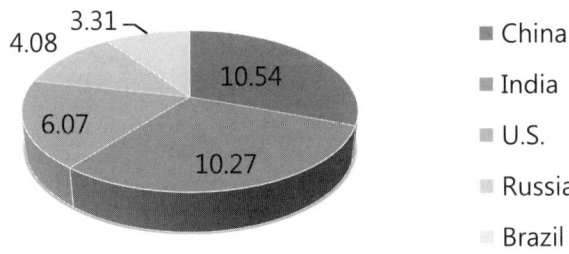

■ made-in-china.com 트래픽 분포도 % (Feb. 2018)

2-5. 프리미엄 클래스 DHgate

DHgate.com은 2004년 현재 CEO인 Diane Wang에 의해 설립되었다. Diane Wang은 DHgate를 설립하기 전에 Joyo.com 설립자 중 한 사람 이었으며 또한 Cisco Systems의 마케팅 이사로 있으면서 중국 마케팅 커뮤니케이션을 관리했습니다. 또한 1993년부터 1999년까지 6 년간 Microsoft (China) Corporation 의 마케팅 서비스 관리자 및 사업 개발부 책임자를 역임했다

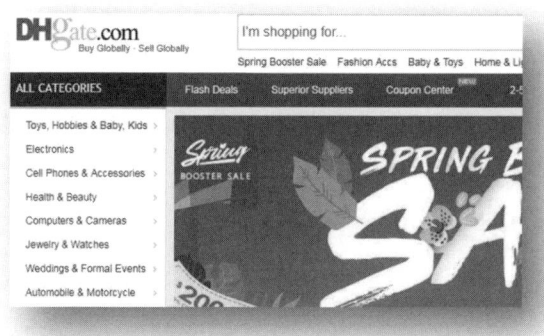

Diane Wang 역시 모든 e-commerce 비즈니스 초기 개척자들이 그러하듯이 젊고, 인터넷 비지니스에 대한 경험이 있어서 누구보다 이해도가 높은 세대이고 적절한 타이밍을 놓치지 않았던 것이다.

| 2009년에서 2012년까지 1,771%의 성장률 기록

DHgate.com은 사업 초창기인 2009~2012년까지 무려 1,771%의 큰 성장률을 기록할 수 있었고 글로벌 시장에서 DHgate.com의 확고한 위상을 확보할 수 있게 되었다.

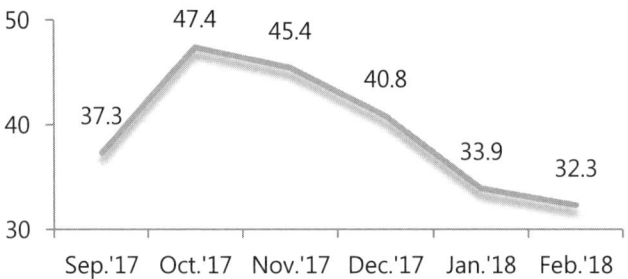

- dhgate.com 방문자수(단위:백만명/월)

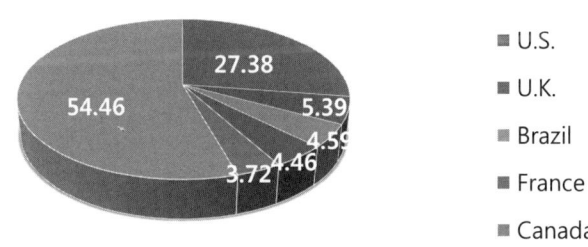

- dhgate.com 트래픽 분포도 % (Feb. 2018)

2015년 DHort.com을 출시했는데 DHport.com은 B2B 플랫폼이면서 차별화한 manufacturer-to-business 개념의 B2B e-commerce 플랫폼이다. 제품의 대량 구매할 수 있게 해주는 제조업체(또는 일반 기업) 간 e-commerce 플랫폼이다. DHport는 세계 표준 및 통관 절차(global standards, customs clearance)까지 인증을 갖춘 제조 업체를 회원 업체로 한 새로운 개념의 플랫폼인 것이다.

최근 월 평균 3,950만명의 방문자 수를 기록하고 있으며 미국과 유럽을 중심으로 해외에서 고른 트래픽 분포도를 나타내 주고 있다.

2-6 샌프란시스코 iOffer

iOffer는 2002년 5월 Steven Nerayoff가 출시 한 미국 샌프란시스코 기반의 영어 포함 8개국 언어 자동번역 서비스를 제공하고 있는 글로벌 B2B 플랫폼이다. 한국의 사용자들에게는 iOffer의 이름이 익숙하지는 않으나, 현재 월 평균 1,600만 명 이상의 방문자 수를 기록하고 있고, 도표에서 미국과 유럽 등 전 세계에 걸쳐 고른 트래픽 분포도를 보여주고 있다.

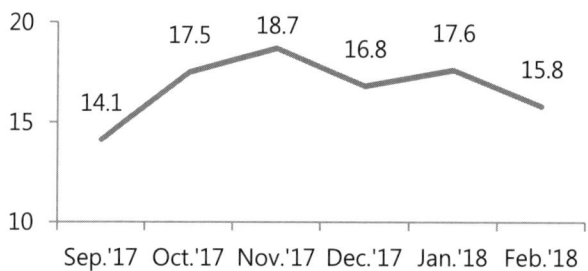

- ioffer.com 방문자수 (단위:백만명/월)

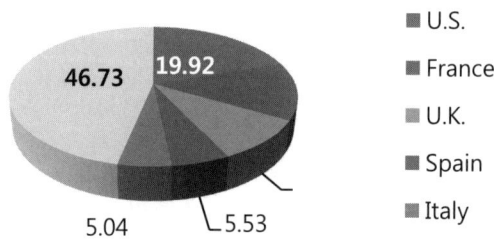

- ioffer.com 트래픽 분포도 % (Feb. 2018)

2-7 인도 옐로우 페이지 Trade India

1996년 인도의 Bikky Khosla에 의해 설립된 글로벌 B2B 플랫폼이며 1990년부터 'Exporters Yellow Pages'를 발행했으며 1996년에 현재의 e-commerce B2B 플랫폼인 tradeindia.com을 시작했다.

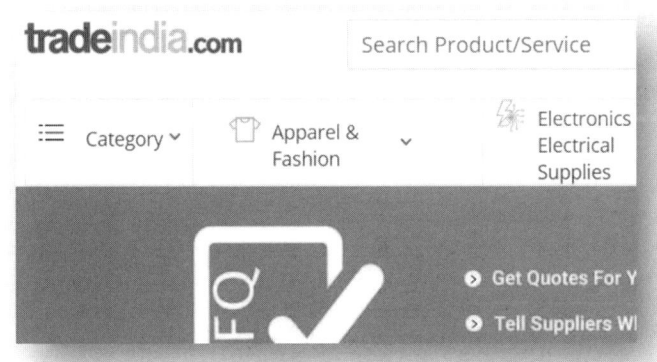

현재 인도를 기반으로 하여 월 평균 400만 명 이상의 방문자 수를 기록하고 있으며 4,200만 명 이상의 등록된 사용자를 보유하고 있는 인도의 대표적인 글로벌 B2B 플랫폼이다.

Tradeindia.com은 영어를 공용어로 사용하는 인도의 특성을 이해할 필요가 있다. 인도의 B2B e-commerce 플랫폼은 인도 Local market를 함께 커버하는 특징이 있다. 수출 목적의 해외 바이어 발굴과 때론 수입품의 인도 Local market를 대상으로 하여, 플랫폼을 매개체로 한 자국 내 프로모션과 마케팅 활동이 활발하다고 할 것이다.

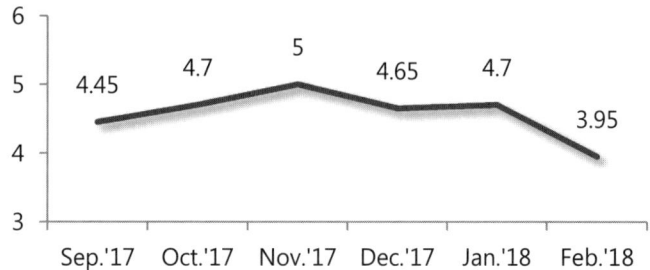

- tradeindia.com 방문자수(단위:백만명/월)

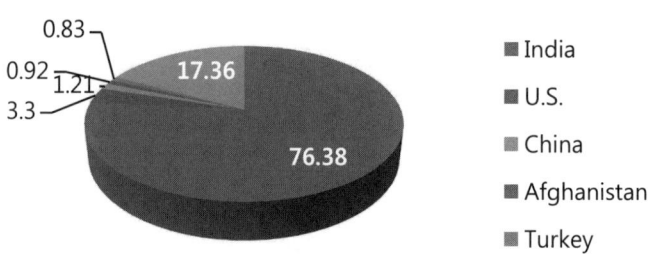

- tradeindia.com 트래픽 분포도 % (Feb.2018)

2-8 러시아 불곰 Tiu.ru

Tiu.ru는 러시아에서 Allbiz와 더불어 대표적인 B2B e-commerce 플랫폼이다. 러시아의 장기적인 경기 침체 속에서 현재는 활동이 많이 위축되어 있으나 현재도 월 평균 2,670만명의 방문자 수를 기록하고 있다.

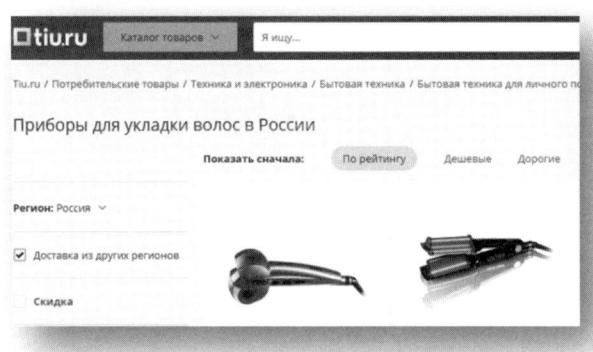

Tiu.ru는 러시아에서 Allbiz와 더불어 대표적인 B2B e-commerce 플랫폼이다. 러시아의 장기적인 경기 침체 속에서 현재는 활동이 많이 위축되어 있으나 현재도 월 평균 2,670만명의 방문자 수를 기록하고 있다.

일반 생활 소비재 뿐만이 아니고 산업용 소비재를 거의 수입에 의존하는 러시아의 시장 특성을 고려할 때, 수출 기업은 러시아 시장을 공략하기 위한 온라인 Marketplace로써 Tiu.ru와 All.biz를 활용할 수 있는 방안에 대하여 고려해 볼 필요가 있을 것이다.

통계 상 가장 인기 있는 제품 카테고리는 자동차 부품, 타이어와 디스크, 가스 보일러, 창호 제품, 의류 등이다.

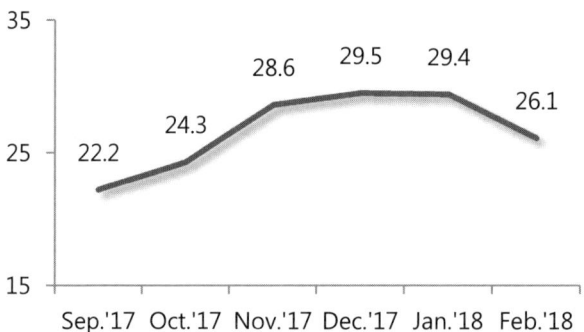

- tiu.ru 방문자수 (단위:백만명/월)

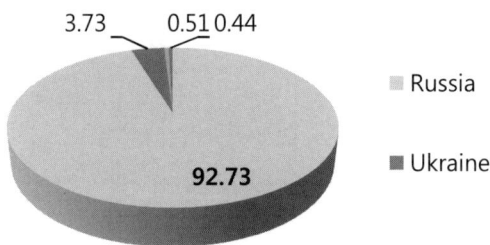

- tiu.ru 트랙픽 분포도 % (Feb. 2018)

2-9 CIS의 지존 All.biz

국제 인터넷 무역쎈터(The International Internet Trade Center)인 Allbiz는 CIS(독립국가연합, Commonwealth of Independent States)에서 가장 오래된 B2B e-commerce 플랫폼이다.

도표를 통해서 최근 월 평균 998만 명의 방문자가 있고 트래픽 분포도를 보면 우크라이나에서 가장 많은 수치가 나오고 있고 이어서 러시아, 카자흐스탄, 벨라루스, 폴란드 등 인근 CIS 국가로부터의 트래픽이 많은 것을 알 수 있다.

Tiu.ru와 비슷하게 선호 제품 카테고리 군은 전기 자전거, 농업, 산업, 의류 및 신발, 건축 자재, 식품 및 음료이다.

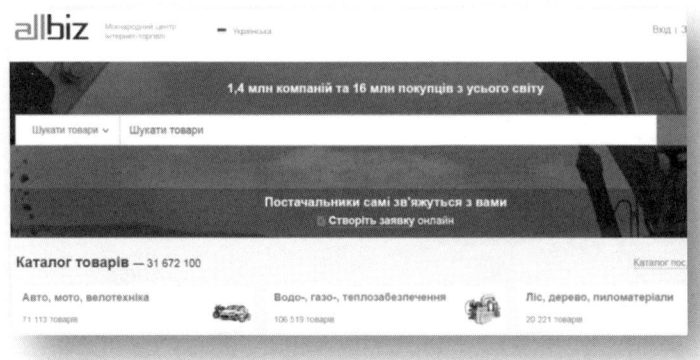

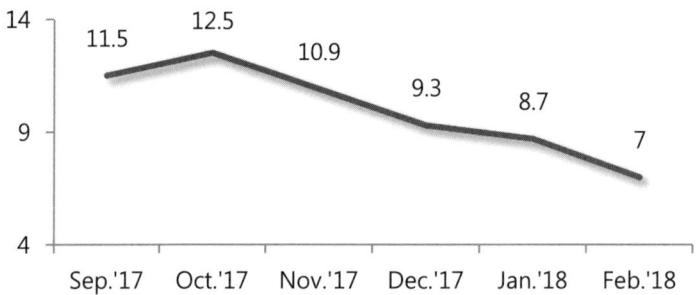

- all.biz 방문자수 (단위:백만명/월)

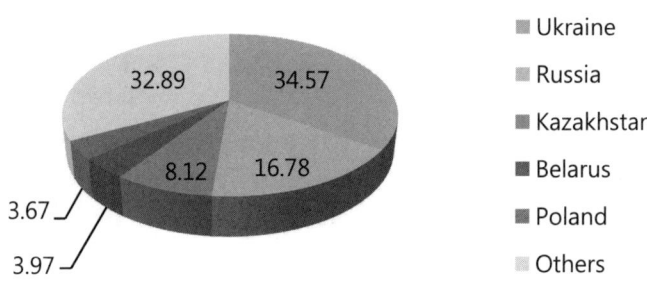

- all.biz 트래픽 분포도 % (Feb. 2018)

2-10 영원한 추격자 Trade Key

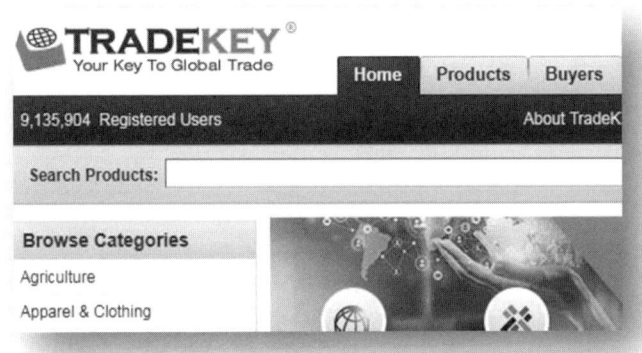

Tradekey는 2005년 6월에 사우디아라비아에서 설립된 글로벌 B2B e-commerce 플랫폼이다. 사업 초창기에는 Alibaba 다음으로 두 번째 글로벌 상위 랭크에 올려질 정도로 인지도가 있었다. 파키스탄 출신의 가장 성공적인 기업이었고 현재는 사우디 아라비아의 Al Amhar Group의 자회사이다.

2011년에는 글로벌 B2B e-commerce 업계에서 세 번째로 높은 7억 달러의 가치 평가를 받기도 했으나 같은 해에 Tradekey에 큰 위기가 왔다. Google에서 품질이 낮은 콘텐츠를 없애기 위해서 검색 알고리듬을 변경한 후 Tradekey의 트래픽은 89% 감소했고 순위에서 크게 뒤쳐지게 된 것이다. 경영난을 타개하기 위해서 Tradekey는 2015년에 모회사의 압력으로 500명의 직원 중에서 250명을 해고하고 파산 소문까지 돌았던 적이 있었다.

현재는 아래 도표에서 나타내 주듯이 간신히 월 평균 100만명을 넘기는 수준이다. 현재 다국적 언어 자동번역 서비스를 제공하고 있다.

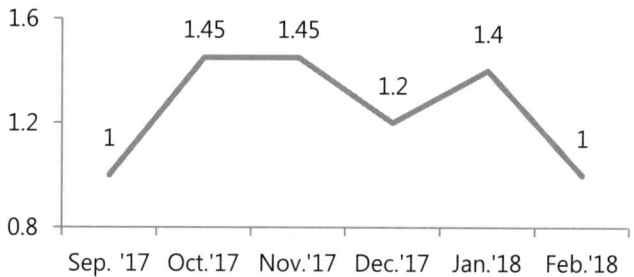

■ tradekey.com 방문자수 (단위:백만명/월)

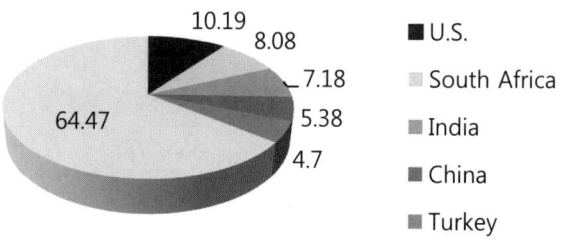

■ tradekey.com 트랙픽 분포도 % (Feb. 2018)

2-11 홍콩 DIYtrade

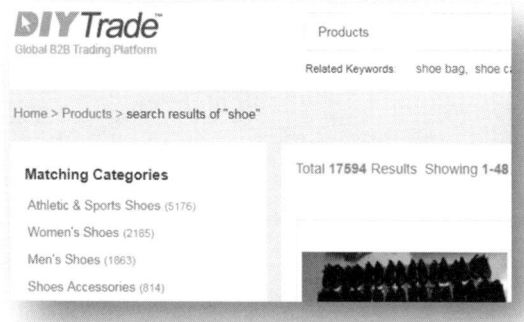

2006년 5월 eBigChina.com으로 홍콩에서 출발하였으며 2006년 5월에 현재의 eBigChina.com으로 플랫폼 이름을 바꾸었다.

DIYTrade.com은 사용자에게 무료 웹 사이트 서비스를 제공하고 있는데 이 서비스를 통해 계정 등록 기업은 무료로 웹 사이트를 구축 할 수 있다.

이 서비스의 일부 기능에는 Google, Yahoo, Bing 과 Baidu를 포함한 모든 주요 검색 엔진에서 웹 사이트 편집, 디자인, 제품 카탈로그, contact & chat 기능과 무료 프로모션이 포함된다. 현재 월 평균 방문객 100만 명을 웃도는 수준의 글로벌 B2B 플랫폼이다.

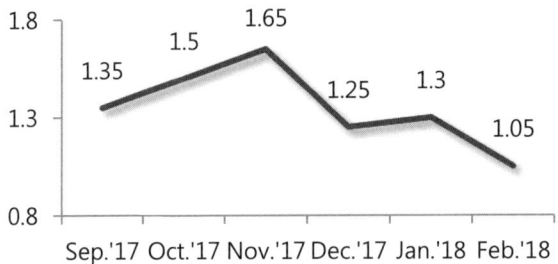

- diytrade.com 방문자수 (단위:백만명/월)

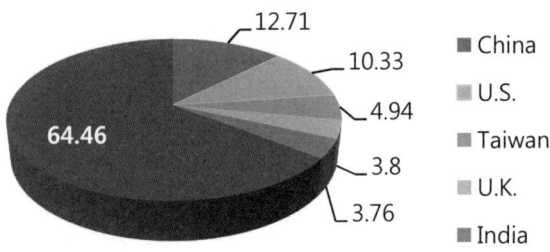

- diytrade.com 트랙픽 분포도 % (Feb. 2018)

2-12   대한민국 국가대표 EC21

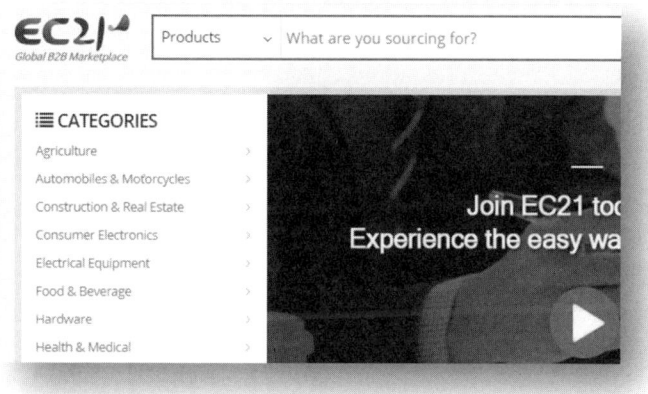

EC21은 1997년 한국무역협회(KITA)에서 출발하여 2000년에 한국무역협회로부터 독립한 자회사로써 글로벌 B2B e-commerce 플랫폼인 EC21.com을 운영하고 있다.

글로벌 현장에서 EC21.com의 인지도가 높지는 않으나 한국을 대표하는 글로벌 B2B 플랫폼이다.

도표는 최근 월 평균 약 105만 명의 방문자 수와 중국을 비롯 인도, 터키, 미국 등에서 고른 트래픽 분포도를 보여주고 있다. 이 수치는 불과 몇 년 전인 2011년에 글로벌 2위였던 tradekey.com의 현재 방문자 수와 비슷한 수준의 수치이다.

Alibaba를 비롯한 메이저 B2B 플랫폼 기업과 비슷한 시기에 출발했으나, 다른 글로벌 플랫폼과 마찬가지로 Alibaba의 독주에 많이 뒤쳐져 있는 것을 통계를 통하여 확인 할 수 있다.

그럼에도 불구하고 여러 해외 통계와 인지도를 확인했을 때, 글로벌 B2B e-commerce 업계에서 한국을 대표하는 고유한 위상을 갖추고 있다고 볼 수 있다.

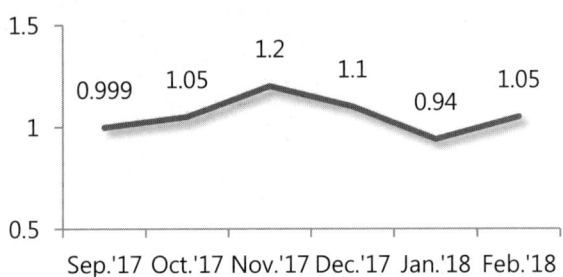

■ EC21.com 방문자수(단위: 백만명/월)

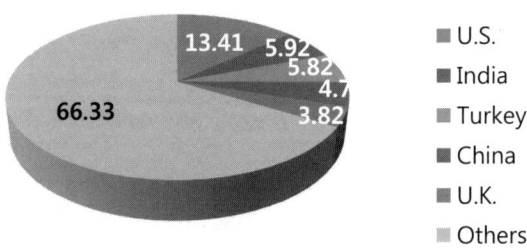

■ EC21.com 트래픽 분포도 % (Feb. 2018)

03 Global B2C 플랫폼

"B2C (Business to Customer, Consumer or Client)" 란 일반적으로 "기업 대 개인 또는 소비자" 간에 이루어지는 전자상거래(e-commerce)를 의미한다.

기존의 중간 상인들이 배제된 상태에서 기업과 소비자간의 직접적인 상거래로 인하여 소비자에게 싼 가격에 상품을 구매할 수 있는 이익을 주고 있다.

온라인 B2C 시장의 지속적인 확대와 대중화는 국내외적으로 중간 유통업체가 설 자리를 잃어가게 하고 있다.

반면 다른 산업 분야, 특히 물류와 택배 산업의 획기적인 확대와 발전을 가져오고 있다.

국내에서는 옥션, 지마켓, 11번가 등 일반 소비자들에게 친숙해져 있는 대표적인 온라인 B2C e-commerce 플랫폼이 있으며, 그 외 많은 온라인 플랫폼 기업들이 활발하게 활동하고 있고 계속 새롭게 탄생하고 있다.

| 치열한 경쟁이 펼쳐지고 있는 글로벌 B2C e-commerce 세계

해외의 경우, 글로벌 B2C 플랫폼의 강자인 Amazon, 중국의 강자 Tmall, 그 외 신흥 경제 성장국 위주의 지역별, 고유 품목 시장별로 다양한 글로벌 B2C 플랫폼이 현재 전 세계적으로 급성장 하며 활발하게 활동하고 있는데 특

별히 인도와 동남아시아의 B2C 플랫폼 기업들을 주목할 필요가 있다.
 Fkilpkart와 Amazon India의 치열한 경쟁이 펼쳐지고 있는 인도와, Alibaba Group이 인수한 Lazada의 맹렬한 독주 형세가 펼쳐지고 있는 동남아시아 B2C 플랫폼 업계는 최근에 새로운 판도가 형성되었다.
 이렇듯 글로벌 B2C e-commerce 거대 기업이 주도하면서, 전 세계를 상대로 하는 투자와 M&A를 통하여 지역별로 새로운 강자들이 탄생하고 있다.

 이렇게 다양한 지역과 지역별 고유 특성을 갖춘 글로벌 B2C Marketplace를 통해서 기업은 제품 판매에 앞서 수요 예측과 시장 트렌드를 파악할 수 있는 유용한 수단으로도 활용을 할 수가 있다.

| 중소기업의 글로벌 B2C 마케팅

 최근의 중소기업 마케팅 형태를 보면 B2B와 B2C 시장을 동시에 커버하는 유형의 모습을 많이 볼 수 있다. 국내의 경우, 온라인 e-marketplace의 대중화와 물류 택배 업계의 치열한 경쟁을 동반한 발전 덕분에 지역과 거리 공간의 장벽으로 인한 배송 지연 등이 사라졌고, 해외 B2C 플랫폼을 통해 소비자가 직접 상품을 구매하는 비율이 큰 폭으로 상승하고 있다. 이를 전담하는 국제 물류 업체들이 있어서 해외 택배의 경우도 빠른 시간 안에 한국의 소비자가 상품을 받을 수 있는 시스템이 이미 구축되어 활발한 활동을 하고 있다.

 이러한 시대의 급속한 변화에 맞추어 기업은 글로벌 B2C 플랫폼을 적극 활용한 해외 소비자 대상의 온라인 B2C 마케팅을 적극 펼칠 필요가 있으며 이미 한국의 많은 중소 업체들이 Amazon 등 글로벌 e-commerce 플랫폼을 이용하여 해외 소비자 대상의 판매 활동을 하고 있고 성과를 내고 있다.

B2B와 B2C 마케팅을 하는 작은 기업들(Small and medium-sized businesses)에게는 이 두 가지(B2B와 B2C) 온라인 마케팅 트렌드와 플랫폼을 병행할 수 있는 계획과 실행을 필요로 하는데, 우선 객관적인 통계를 근거로 한 인기 글로벌 플랫폼에 대한 최신 지식과 정보를 습득한 후, 업체의 특성에 맞춘 고유 시장과 지역을 설정하고 실질적인 마케팅(영업) 실행을 할 수 있을 것이다.

3-1 글로벌 B2C 챔피언 Amazon

Amazon은 2018년 2월 현재 글로벌 브랜드 평가 전문 컨설팅업체인 'Brand Finance'가 발표한 '세계 500대 브랜드(Global 500, 2018)'에서 전 년도 2위인 Apple과 3위 Google을 제치고 글로벌 브랜드 가치 1위(1,508억US$) 기업의 위상을 차지하게 되었다.

참고로 삼성의 브랜드 가치는 4위(923억US$), DHL은 142위, Paypal은 169위, eBay는 200위, Kia는 385위, Xiaomi는 455위로 평가되었다. 아마존은 명실상부한 세계 최고 브랜드로 평가 받고 있는 것이다.

■ '세계 500대 브랜드(Global 500, 2018) by Brand Finance'

불과 1년 만에, 전년도 3위였던 Amazone이 Apple과 Google을 추월하여 브랜드 가치를 2017년 1,063억9,600만US$에서 2018년에는 42%가 증가한 '1,508억1,100만US$'로 브랜드 가치를 높였고, 같은 기간에 글로벌 B2B의 강자인 'Alibaba는 58%가 증가하여 348억5,900만US$'의 브랜드 가치를 지닌 것으로 평가되어 12위로 랭크 되었는데, 글로벌 B2B와 B2C의 강자가 동시에 가파른 상승세를 이어가고 있는 사실이 주목할 만하다.

Amazone, Apple, Google, Samsung, Facebook으로 이어지는 1위에서 5위 기업의 브랜드 가치는 당분간 글로벌 선두의 자리를 지켜나갈 것으로 예측 된다.

Rank 2018	Brand Name		Brand Value (백만 US$)		Rank 2017
1	amazon	Amazon	2018	$150,811	3
			2017	$106,396	
2		Apple	2018	$146,311	2
			2017	$107,141	
3	Google	Google	2018	$120,911	1
			2017	$109,470	
4	SAMSUNG	SAMSUNG	2018	$92,289	6
			2017	$66,218	
5	f	Facebook	2018	$89,684	9
			2017	$61,998	
6		AT&T	2018	$82,422	4
			2017	$87,016	
7	Microsoft	Microsoft	2018	$81,163	5
			2017	$65,875	
8	verizon√	Verizon	2018	$62,826	7
			2017	$65,875	

9	Walmart	Walmart	2018	$61,480	8
			2017	$62,211	
10	ICBC	ICBC	2018	$59,189	10
			2017	$47,832	
12	Alibaba	Alibaba	2018	$54,921	22
			2017	$34,859	

한 가지 주목할 만한 것은 국가별 통계에서 미국 기업이 Brand value 전체 평가의 43%(2조5,277억US$)를 차지하고 있다는 것이다. 2위인 중국은 15%(US$9,115억)를 차지하고 있으며 그 뒤를 독일(4,094억US$), 일본(4,070억US$), 프랑스(2,802억US$), 영국(2,356억US$), 기타 국가(5조9,042억US$) 순으로 이어지고 있다.

전체 미국이 차지하는 2조5,277억US$ 중에서 Amazon(1,508억US$)이 차지하는 비중은 약 6%로써 e-commerce 글로벌 강자인 Amazon의 현재 가치를 확인할 수 있다.

Amazon은 2017년 현재 고용 직원 수 566,000명의 거대한 e-commerce 업계의 강자로써 2004년 69억2천만US$의 순매출액이 2017년은 1,778억7천만US$(약 192조원)로 13년간 무려 2,570%의 가파른 성장세를 이어가고 있다

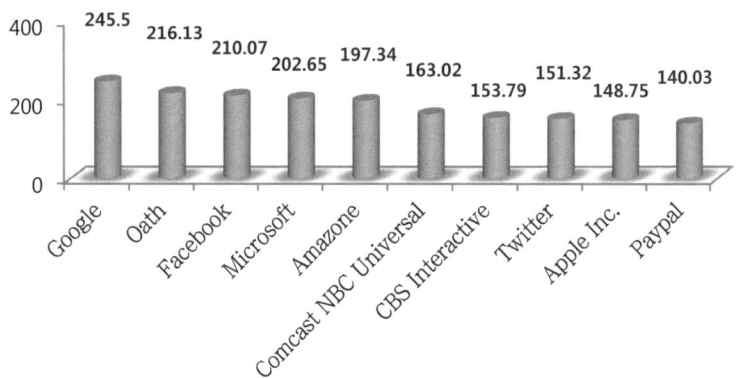

■ 2017. 12월. 미국의 방문자 수 기준 플랫폼 순위 (단위:백만명)

Amazon의 2004년 순매출액은 69억2,000만 달러, 2010년 342억 달러, 2017년은 무려 1,778억7,000만 달러를 기록하였는데 해마다 가파른 상승세를 이어가고 있다.

글로벌 최고 강자로써 사업의 영역이 다변화 되고 있으며 새로운 사업의 영역에 진출할 때마다 거대한 시장을 리드하고 있음을 알 수 있다.

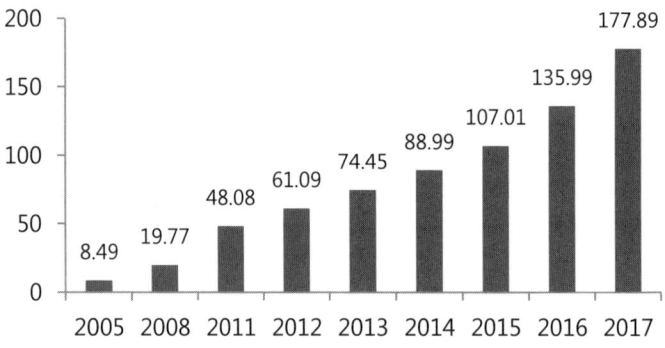

■ Amazon의 2005~2017년 순매출액 (단위:10억US$)

Amazon 매출액의 대부분은 전자제품과 기타 소비재 상품 판매, 제3자 Seller 판매수익, 가입서비스 및 AWS (Amazon Web Service) 활동을 통해 발생하며 2016년도 1분기 현재, 전 세계적으로 3억1천만 개 이상의 적극적인 고객 계정을 보유하고 있는 것으로 보고 되었다.

매출의 대부분은 온라인 소매 제품 판매(Online Stores)를 통해 창출 되어지고 있다.

Sector/Year	2014	2015	2016	2017
Online Stores	68.51	76.86	91.43	108.35
Physical Stores				5.80
Retail 3rd Party Seller Services	11.75	16.09	22.99	31.88
Subscription Services	2.76	4.47	6.39	9.72
AWS	4.64	7.88	12.22	17.46
Others	1.32	1.71	2.95	4.65

(단위:10억US$)

위 도표는 2014~2017년까지 amazon.com의 순매출액을 서비스 섹터 별로 보여주고 있다.

Online Stores 판매를 통한 매출액은 지속적으로 증가하고 있으며, 2017년에는 1,083억5천만US$에 달한다. 2014년과 비교하여 58% 증가했다.

제3자 판매(Retail 3rd Party Seller Services)에 의한 매출의 증가도 2014년 117억5천만US$에서 2017년에 318억8천만US$까지 3년 동안 약 271%의 가파른 성장을 이어가고 있다.

이 기간 동안 AWS 섹터는 연간 순매출액이 2014년 46억4천만US$에서 2017년 174억6천만US$로 376% 증가 하였다.

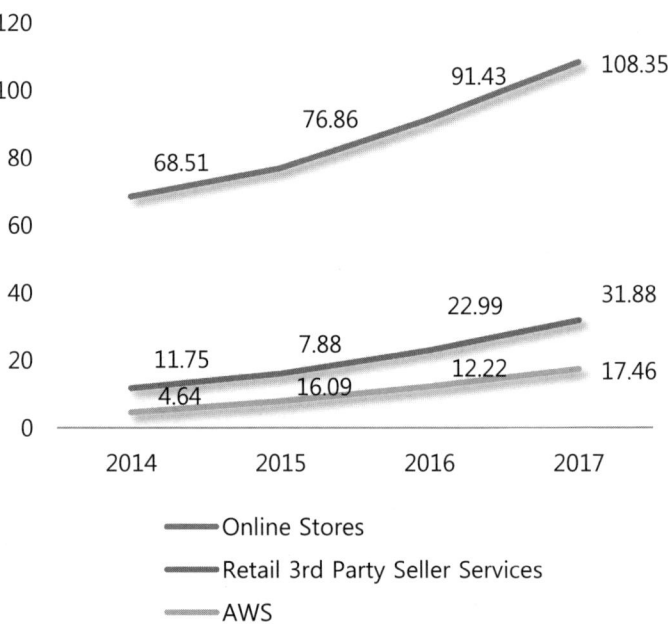

- Amazon의 2014~2017년 부문별 순매출액 (단위:10억US$)

| 거인이 되어 버린 Amazon

주목할 만한 것은 Amazone이 이렇게 급성장한 시기인 2010년대에 세계 경제가 어떠했는지를 파악할 필요가 있다. 2008년 미국의 부동산 버블 붕괴와 모기지론 부실화로 인하여 시작된 금융위기가 전 세계를 강타하여 제로 금리 시대를 열고, 오랜 불경기가 이어지던 시기였다. Amazon은 이 시기에 가파른 매출 증가와 전 세계를 대상으로 한 M&A를 통하여 그 규모를 크게 확장할 수 있었고 글로벌 B2B e-commerce 업계의 거인이 될 수 있었다.

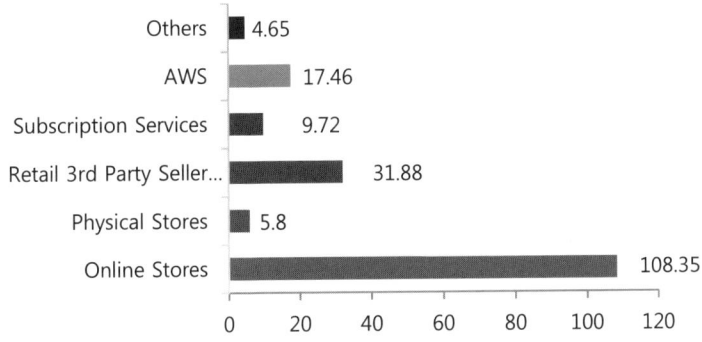

■ Amazon의 2017년 부문별 순매출액 (단위:10억US$)

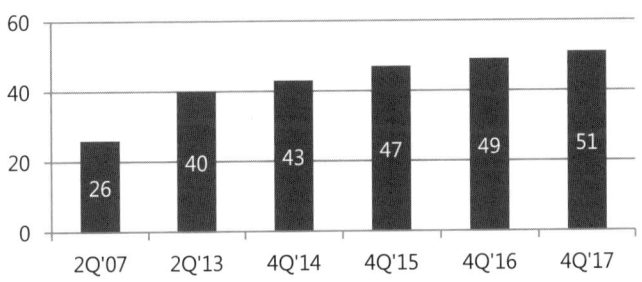

■ 아마존의 2017년 4분기, 제3자 Seller 점유율(단위: %)

위 통계는 유료 단위를 기준으로 2017년 4분기 현재 Amazon 플랫폼의 제3자 판매자 점유율에 대한 정보다. 유료 판매 51%가 제3자 Seller에 의해 이루어졌다.

2016 년에 Amazon은 전년도의 160억9000만 달러보다 높은 229억US$의 제3자 판매 서비스 수익을 창출했다. Seller 서비스 매출(Retail third-party seller services)은 소매제품 판매(Online Stores)에 이어 두 번째, AWS(Amazon Web Service) 매출은 세 번째를 차지하고 있다.

아래의 통계 수치는 2010~2016년도의 Amazon.com 연간 순배송비용을 나타내고 있는데, 2016년 Amazon의 순배송비(Net Shipping Costs)는 71억9,000만US$에 달한다. 회사의 아웃 바운드 배송비용은 161억7,000만US$이고 해상 운송 수입은 90억US$이다.

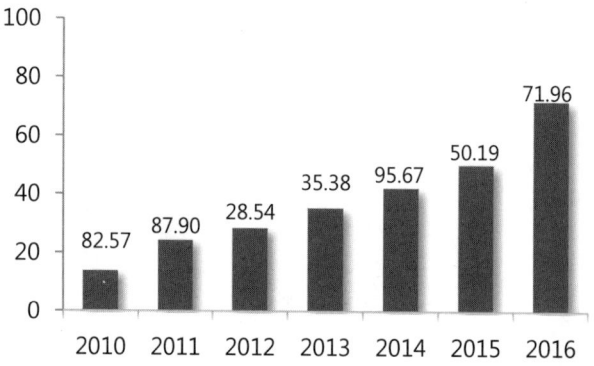

■ Amazon의 2010~2016년 순배송비 (단위:억US$)

다음 도표는 고유 방문자수에 따른 2017년 12월 미국에서 가장 인기 있는 웹 싸이트 랭크를 보여주고 있다.

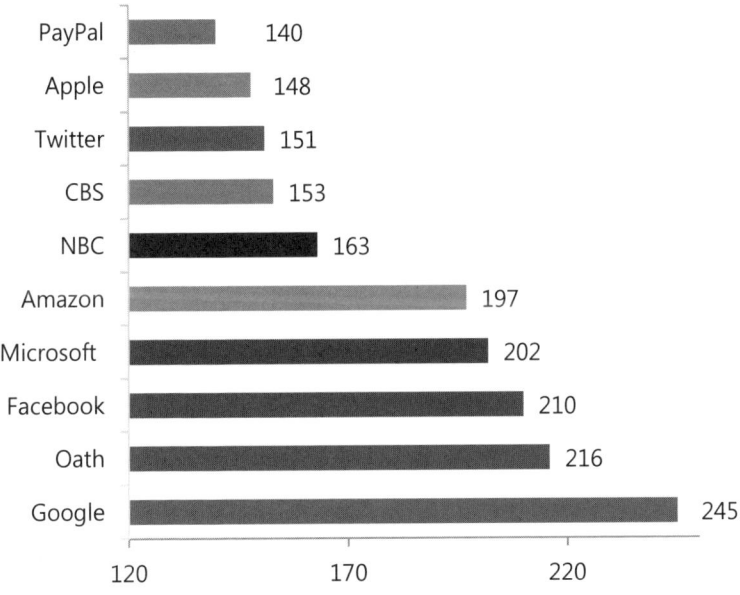

■ 2017년 12월, 미국 내 방문자수 기준 인기 있는 플랫폼 순위

그 기간 동안 Amazon의 방문자 수는 1억9,734만 명을 기록하고 있는데, Oath(2억1,613만명), Facebook(2억1,007만명), Micro Sites(2억265만명)에 이어 다섯 번째로 높은데 이는 현재 미국 온라인 인구의 약 4분의 3에 달하며 미국 뿐만 아니라 전 세계적으로 가장 인기 있는 e-commerce 기업이다.

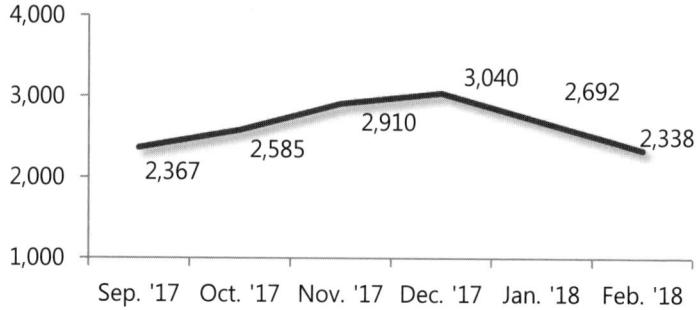

■ amazon.com 방문자수 비교 (단위:백만명/월)

	amazon.co.uk	amazon.de	amazon.fr	amazon.co.jp	amazon.it	amazon.in
Sep.'17	439	486	207.5	544	193	447
Oct.'17	493	529	228	584	201	484.5
Nov.'17	585	615.5	280	584.5	269	435.5
Dec.'17	595.5	624	287	663	270	480
Jan.'18	498	556	237.5	620	233	505
Feb.'18	428	471	199	542.5	191.5	392.5
	amazon.es	amazon.ca	amazon.cn	Amazon.com.br	amazon.com.mx	amazon.at
Sep.'17	134	108	58.3	15.4	24.3	0.57
Oct.'17	136.5	120	61.1	22.9	28.7	0.65
Nov.'17	186	151.5	60	29.7	45.1	0.68
Dec.'17	190	155.5	51.4	23.6	42.9	0.69
Jan.'18	179.5	136	46.6	22.5	36.6	0.72
Feb.'18	136	116.5	47.9	22.7	31.4	0.58

■ Amazon 국가별 플랫폼 방문자수 비교 (단위:백만명/월)

현재 Amazon은 미국(amazon.com), 캐나다(amazon.ca), 영국(amazon.co.uk), 독일(amazon.de), 오스트리아(amazon.at), 프랑스

(amazon.fr), 중국(amazon.cn), 일본(amazon.co.jp), 이탈리아(amazon.it), 인도(amazon.in), 스페인(amazon.es), 브라질(amazon.com.br), 멕시코 (amazon.com.mx) 등의 국가에서 별도의 웹사이트를 운영 중이다. 미국과 유럽에서의 방문자는 국가별로 고른 분포를 보여주고 있다.

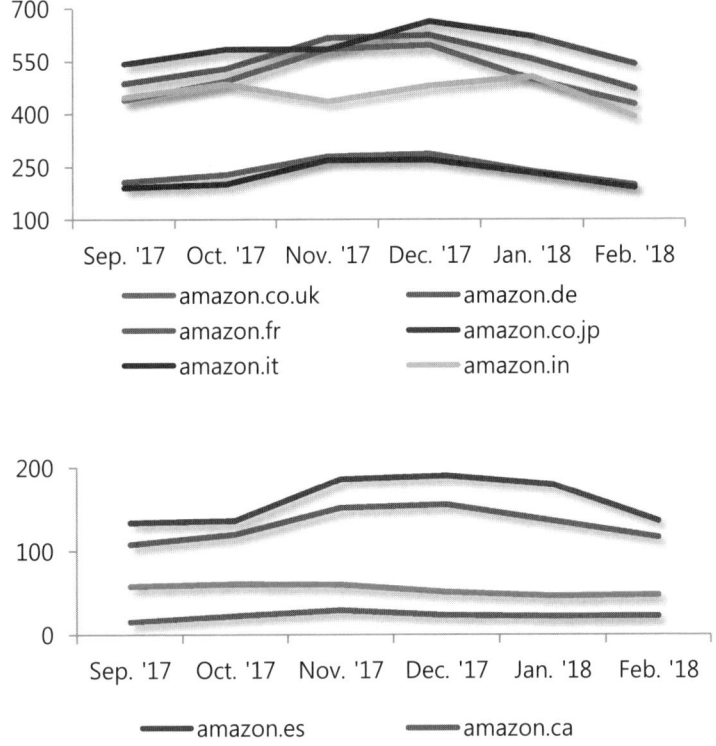

■ Amazon 각 국가별 방문자수 비교 (단위:백만명/월)

각종 통계 데이터를 통하여 확인할 수 있는 것은 Amazon이 진출한 각 국가에서 B2C 플랫폼 최상위 랭크를 차지하고 있다는 사실이다. 중국의 경우는 예외인데 Alibaba Group이 운영하는 Taobao와 Tmall 등 선두 그룹을 따라 잡기에는 풀어야 할 과제가 많다고 할 것이다.

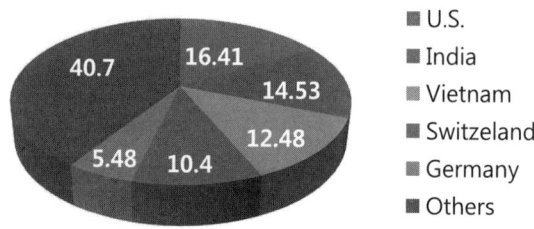

- amazon.com 트래픽 분포도 % (Feb. 2018)

| Amazon의 거침 없는 질주

다음 도표는 2006년에서 2017년까지의 Amazon과 eBay의 전년 대비 매출 성장률에 대한 도표인데, 가장 최근인 2017년에 Amazon은 31%, eBay는 7%의 매출 성장률을 나타내고 있다. eBay는 2011년 이후 매출 성장률이 계속해서 감소하고 있는 추세이다.

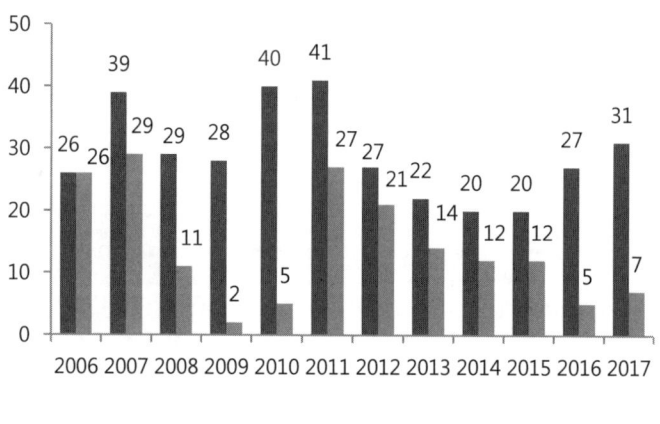

- Amazon & eBay Inc.의 전년대비 매출성장률 비교 2006-2017년 (단위:%)

3-2　글로벌 B2C 개척자 eBay

현재 인기 있는 모든 글로벌 B2C e-commerce 플랫폼보다 앞서서 e-commerce의 세상을 개척하고 선도한 기업을 말하라고 한다면 단연 eBay라고 말 할 수 있다. eBay는 미국의 가장 앞선 인터넷 통신 기술을 기반으로 하여 미국과 유럽을 중심으로 온라인 개념의 e-commerce 비즈니스를 개척하고 리드한 기업이라고 할 수 있다.

1995년 미국 California, San Jose에서 Pierre Omidyar에 의해 출발하였으며 현재 eBay (eBay Inc.)는 미국의 다국적 인터넷 C2C 기업으로써 현재는 30개 이상의 국가에 지역화 된 영업 네트워크가 구축되어 있다. 온라인 송금 전문인 PayPal과 대표적인 온라인 경매와 쇼핑 플랫폼인 eBay.com을 운영 하고 있다. PayPal은 2002~2015년까지 eBay가 전액 출자한 자회사이다.

ebay.com의 2017년 9월에서 2018년 2월 까지 방문객 수는 '월 평균 12억6천명'이다.

eBay는 2000년대에 큰 성장을 이루었는데, 2002년에 유럽의 경매 플랫폼인

mBazar와 PayPal을 인수하고 2005년 Skype Technologies를 인수했다.

1995년 설립 이후 현재 30개국 이상의 지역에서 운영되는 가장 오래된 대표적인 글로벌 온라인 플랫폼이다. 2016년 2분기 현재 eBay의 광고 판매 매출액 (classifieds revenue)은 2억700만US$이다.

2015년 7월까지 eBay는 가장 인기 있는 글로벌 Digital Pay Service의 업체인 PayPal의 소유자였으며 PayPal은 eBay의 주요 수익원 이었다. 이후 PayPal은 별도의 회사로 분할 되었고 eBay의 분할 후 수익은 안정을 유지하고 있다.

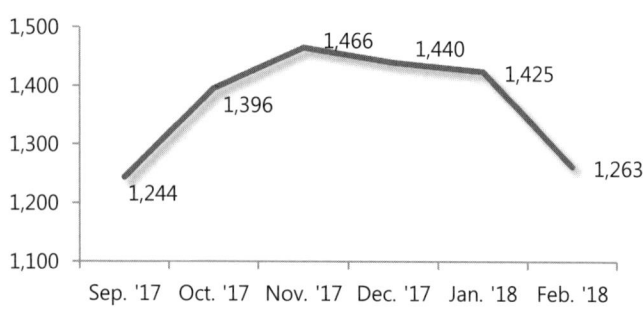

■ ebay.com 방문자수 (단위:백만명/월)

2008년 초까지만 해도 직원 수 15,000명, 매출액 77억US$, 계정 등록 사용자 수가 수억 명에 달할 정도로 거대한 위상을 차지하고 있었으나 현재는 연간 순매출액과 성장률에서 Amazon에게 추월을 당한 상태다.

아래 도표는 eBay의 2013-2017년까지의 연간 순매출액을 보여 주는데 대체로 안정적이며 2017년에 전년도의 85억7,900만 달러에서 95억6,700만 달러로 약간 증가했다.

eBay 매출의 대부분은 거래 수수료를 통해 창출된다.

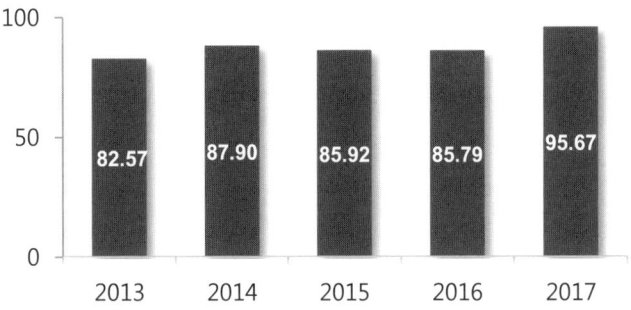

- eBay의 연간 순매출액 2013-2017년(단위:억US$)

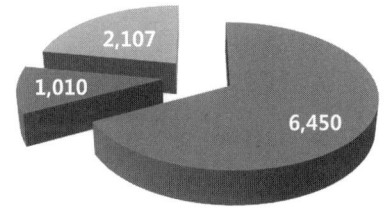

- 2017 eBay 부문별 순매출액(단위:백만US$)

2017년 eBay의 수익 구조는 제3자 Seller의 판매 수수료(Marketplace Transactions)가 전체의 약 68%(64억5,000만US$)를 차지하고 나머지는 eBay 소유의 온라인 티켓 교환 업체 StubHub(약 10.6%, 10억1,000만US$)와 마케팅 서비스와 기타 다른 부문 약 22%(21억700만US$) 에서 창출되었다.

제3자 Seller 판매수수료 수익은 2013년 59억US$, 2015년 61억300만US$,

2016년 61억700만US$와 비교해 볼 때 약간의 상승세를 이어가고 있는 것을 볼 수 있다.

eBay는 초기에 글로벌 B2C 플랫폼 시장을 선도한 기업이었으나 현재는 Amazon과 기타 중국의 B2C 플랫폼에게 추월을 당한 상태이다.

해 마다 큰 매출 증가를 기록하고 있는 Alibaba Group, Amazon과 비교해 볼 때, 가파른 성장 곡선을 그리지는 않고 있다. 그러나 최근 수년 동안의 데이터를 분석해 볼 때 업계 선도 기업으로써 지속적인 브랜드 가치 상승과 매출 증대를 예측할 수 있다.

3-3 Alibaba의 효자 Tmall

Alibaba Group에서 2008년에 Tabao의 B2C 전용인 Tabao Mall로 출발하였다. 2010년에 Taobao Mall과 분리되어 독립적인 B2C 전용 Tamll.com 로 설립된 중국 로컬 B2C 플랫폼으로써 현재 글로벌 시장과 중국 내에서 Taobao, AliExpress와 더불어 Alibaba Group을 대표하는 플랫폼으로 자리를 잡고 있다.

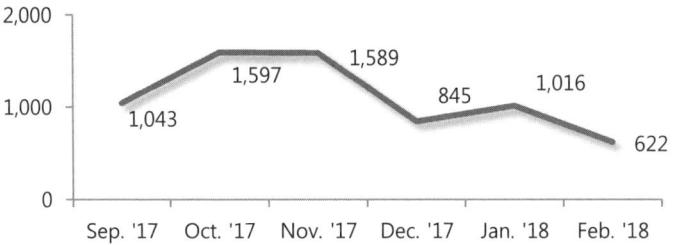

- tmall.com 방문자수 (단위:백만명/월)

tmall.com은 2017. 9~2018. 2월까지 '월 평균 11억1,800만명'으로써 Taobao 다음으로 중국 내에서 두 번째로 많은 방문자수를 기록하고 있다.

- 2018년 현재 별도의 '한국관' 운영 중

2018년 현재 Tmall에서는 별도의 '한국관'을 운영 중인데 중국 내에 법인 사업자가 있어야 입점이 가능하다. 중국 내에서 차지하고 있는 Tmall의 Market share와 위상을 객관적으로 분석해 볼 때, 중국 소비 시장을 진출하고자 하는 한국 업체들에게는 Tmall의 한국관 입점을 통하여 기회를 만들어 볼 수 있을 것이다.

2010년 설립된 Tmall이 단기간에 중국 내에서 Taobao 다음으로 두 번째의 위상을 차지하고 있는 것을 아래의 최근 6개월 방문자 수 통계에 의해서 확인을 할 수가 있다.

2017년 9월부터 2018년 2월까지의 통계를 분석해 보면 'taobao.com은 월 평균 17.1억 명의 방문자 수를 기록'하고 있다. 그 뒤를 이어서 tamll.com이 월 평균 11.2억 명, 세 번째로 aliexpress.com가 뒤를 잇고 있는데 1위와의 격차가 상당히 큰 것을 확인할 수가 있다.

아래 도표에서 Tmall의 현재 위상을 정확히 확인할 수 있다. Amazon이 eBay를 추월한 것처럼 미래의 변화를 정확하게 예측할 수 없는 것이 온라인 B2C e-commerce 마켓의 특성인 것이다.

중국은 전 세계에서 인터넷 사용자가 가장 많은 국가이다. 따라서 모든 글로벌 B2C/B2B e-commerce 통계는 중국이 선두를 달리고 있고 다음으로 미국과 인도가 뒤를 잇고 있다.

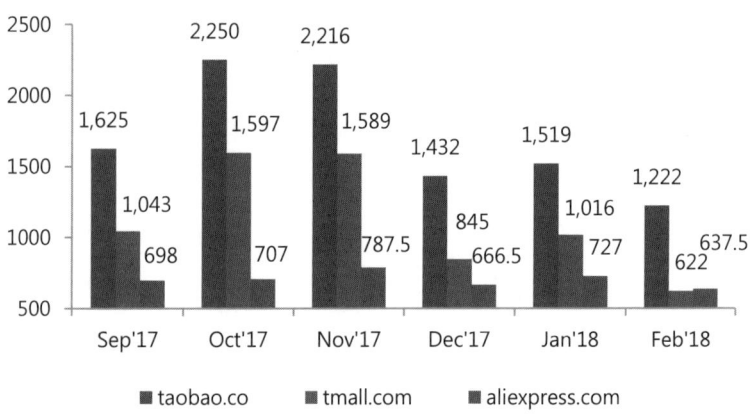

- taobao.com, tmall.com, aliexpress.com 방문자수 비교 (단위:백만명)

3-4 중국 최강 B2C Taobao

Taobao(淘宝网, '보물 네트워크 검색'이라는 의미)는 Alibaba Group에서 2003년에 론칭했으며, 중국어 사용 지역(중국, 대만, 홍콩, 마카오)을 겨냥한 B2C, C2C(Consumer to Consumer, 소비자[고객] 간의 상거래) 플랫폼으로서 2018년 현재 월 580만 명 이상의 계정 사용자를 보유하고 있으며 2018년 현재 중국 최강의 B2C 플랫폼이다.

2003년 사업 개시 이 후, 초기 '시장 점유율 8%에서 2005년 59%로 급성장'하여 당시 eBay China 의 시장 점유율(2003년 79%, 2005년 36%)을 추월하고 확고하게 시장에서의 위상과 점유율을 확보했으며, eBay China 는 2006년에 중국에서의 사업을 정리하게 되었다.

2008년 Taobao의 C2C 플랫폼과 더불어 Tabao Mall이라는 B2C 플랫폼을 론칭했으며, 이 후 Taobao Mall은 2010년에 Tmall (tmall.com)로 분리, 설립되어 독립적인 B2C 플랫폼으로 자리를 잡게 되었다.

다음 도표에서 확인할 수 있듯이 taobao.com는 aliexpress.com, tmall.com과 더불어 글로벌 시장에서 amazone.com과 ebay.com의 뒤를 이어 최상위에 랭크 되어 있다. 중국 내에서 다수의 방문자 수가 대부분을 차지하겠으나 Taobao의 현재 상승세를 확인할 수 있는 데이터이다.

Rank	Website
1	amazon.com
2	ebay.com
3	taobao.com
4	aliexpress
5	tmall.com

- 2018년 2월 taobao.com의 일반구매부문 글로벌랭크 (3위)

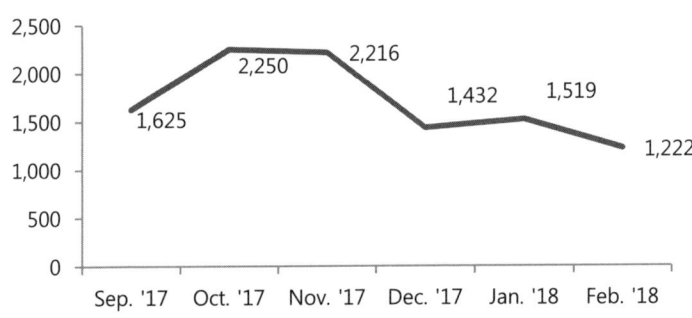

- taobao.com 방문자수 (단위:백만명/월)

다음 통계 도표는 2008년부터 2014년까지의 중국 온라인 시장의 거래 규모에 대한 것인데 2015~2018년까지는 연간 매출액을 기준으로 해서 예측한 시장규모를 보여 준다.

2016년 현재 중국에는 '약 4억6,700만 명의 온라인 쇼핑 인구'가 있는 것으로 보고 되고 있으며 지난 10여 년의 가파른 상승세는 계속해서 이어질 것으로 예측되며 동시에 온라인 쇼핑 시장의 규모는 중국의 경제 성장과 더불어 계속 그 규모가 증가할 것으로 예측된다.

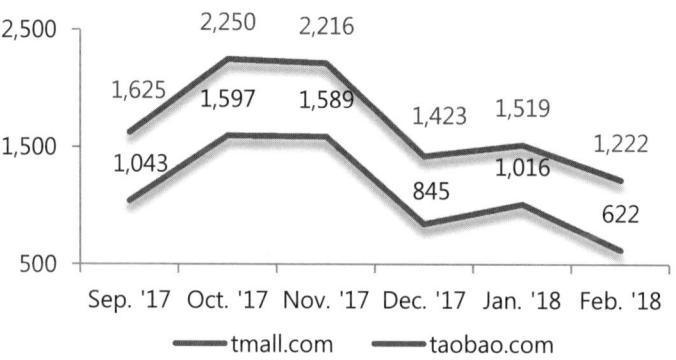

- tmall.com vs. taobao.com 평균 방문자수 비교 (단위:백만명/월)

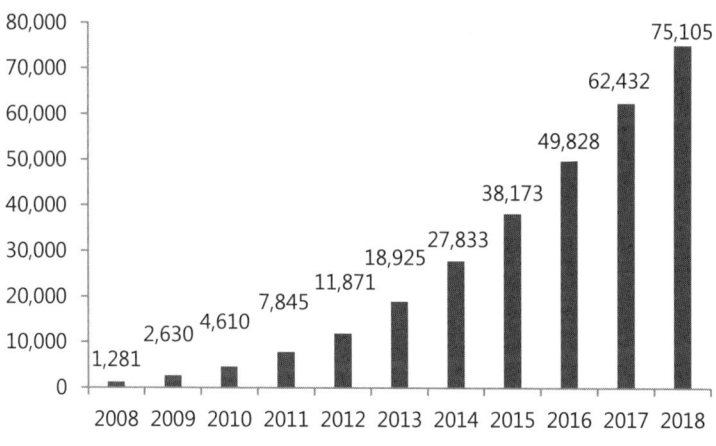

- 중국 Online Market 총구매액 (GMV) 2008~2018 (단위:억RMB)

3-5 세계로 도약하는 AliExpress

Alibaba Group에서 2010년에 론칭한 B2C 플랫폼으로써 Seller 는 중국 내에 있는 업체만 해당된다. 초기에는 B2B 플랫폼으로 시작되었으나 이 후 B2C, C2C 및 디지털 Pay 서비스로 사업의 영역이 확장되었다.

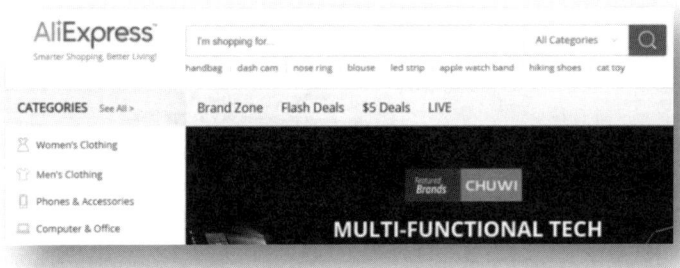

AliExpress 플랫폼의 주요 특징은 중국에 있는 사람들은 이용할 수 없다는 것이다. 중국 이외의 국가에서만 상품 구매가 가능한 시스템으로 운영되고 있다.

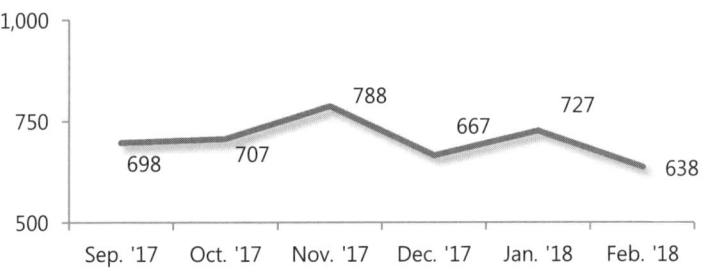

■ aliexpress.com 방문자수 (단위:백만명/월)

현재 영어, 스페인어, 네델란드어, 프랑스어, 이탈리아어, 폴란드어, 포루투갈어, 러시아어가 제공되고 있다는 것이다. 특별히 러시아 방문자 수가 가장 많은 비중을 차지하고 있으며 다음으로 브라질, 미국, 우크라이나 등 세계 각지에서 골고루 방문자가 있다는 것이다.

Aliexpress는 러시아 진출을 계획하고 있는 중소기업들에게 확신을 주는 신뢰할 만한 데이타를 나타내 주고 있으며 최근 한국에서 Taobao와 더불어 '직구 & 역직구 판매'를 위한 주요한 구매 루트로 활용 되어지고 있다. Alieexpres는 최근의 통계를 보면 월 평균 7억명 내외 전 세계에서 고른 방문자 분포를 보이며 글로벌 B2B2C 플랫폼으로써 안정된 위상을 만들어 가고 있는 것을 확인할 수 있다.

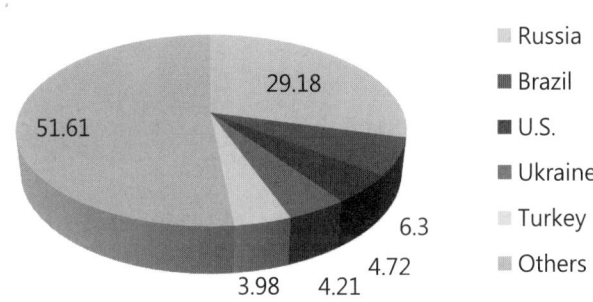

- aliexpress.com 트래픽 분포도 %(Feb. 2018)

3-6   일본의 B2B2C 마왕 Rakuten

Rakuten은 1997년 MDM으로 일본 Tokyo에서 Hiroshi Mikitani가 'B2B2C Platform'으로 출발하여 1999년에 Rakuten으로 이름을 변경하였다. 'B2B2C'라는 다소 생소한 개념의 인터넷 기반 사업 모델을 가지고 6명의 직원으로 출발한 기업이다.

2000년 OTC 마켓에 IPO(Initial Public Offering)를 통한 적극적인 M&A 활동으로 브랜드 인지도를 광범위하게 넓히면서 2006년에 총 거래금액 1조엔을 달성할 수 있었다.

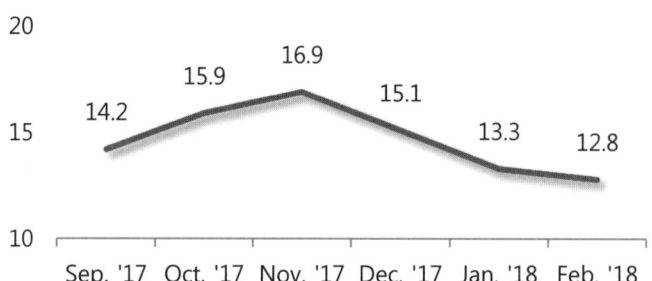

■   rakuten.com 방문자수 (단위:백만명/월)

2008년 첫 번째 해외 진출지로 대만을 선택하여 현지 'Chain Store Corp.'와 조인하여 "Taiwan Rukuten Ichiba'를 론칭했으며, 2012년 캐나다의 'Kobo Inc.'를 인수하고 e-Book 비즈니스를 시작하게 되었다.

현재 Rakuten Group은 주력 사업인 B2B2C Rukuten Global Market 외에 여행(Rukuten Travel), 온라인 마케팅 쏠류션 서비스(Rukuten Marketing), e-Reading 서비스(Rukuten Kobo) 등 다양한 영역의 사업을 추진 중이며 영어, 중국어, 한국어, 일본어 서비스가 제공되고 있다.

일본 내에서는 rakuten.co.jp가 확고한 입지를 확보했으며, 글로벌 시장에서는 rakuten.com이 지속적인 성장세를 이어가고 있다.

아래 도표로 확인할 수 있듯이 rakuten.co.jp는 최근 6개월 동안(2017. 9월~2018. 2월) '월 평균 3억8,883만 명의 방문자'를 기록하고 있다.

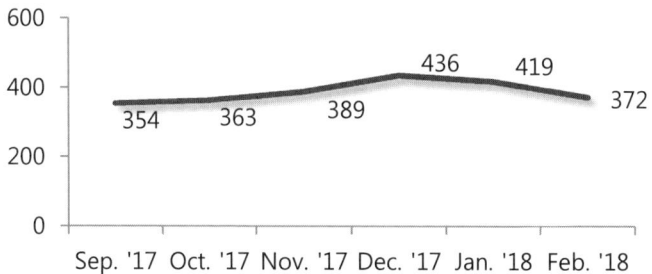

■ rakuten.co.jp 방문자수 (단위:백만명/월)

다음 도표는 2011-2017 년까지 Rukuten Group의 연간 순매출액을 보여 주는데 최근 7년 동안 꾸준히 증가하고 있다. 2017년의 그룹 매출은 전년도 약 7,819억 엔에서 약 9,445억엔으로 증가했다. 주 수익은 Rukuten 온라인 쇼핑, 신용 및 지불 서비스 및 기타 비즈니스 활동을 통해 창출되었다.

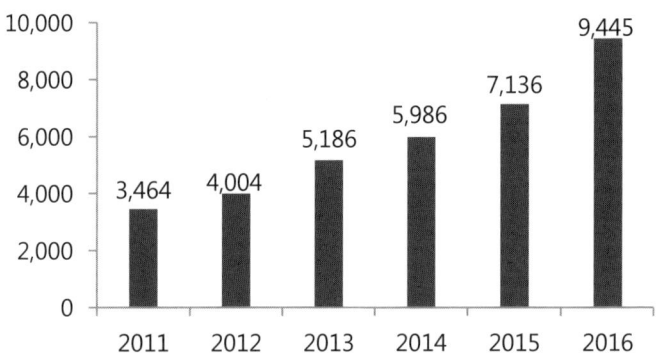

■ Rukuten Group의 연간 순매출액 2011-2017년 (단위:억엔)

3-7 인도 코끼리 Flipkart

Flipkart는 인도의 대표적인 B2C 플랫폼으로써 2007년 델리 공과대학 출신이며 Amazon.com에서 일을 한 경력이 있는 Sachin Bansal과 Binny Bansal에 의해 설립되었고 설립 10년 후인 2017년 현재 회사의 가치는 116억US$ 에 달한다.

사업 초기 설립자의 Amazone에서의 경험을 기반으로 인도에서 최초로 온라인을 통해 책을 판매하는 사업 모델로 출발하여 현재는 33,000명 이상의 직원을 보유한 거대 플랫폼 기업으로 자리를 잡게 된 것이다.

설립 이 후 M&A를 통하여 2012년 온라인 전자제품 판매 업체인 Letbuy.com 인수 후 Flipkart로 전환, 2015년 모바일 마케팅 업체 인수하여 모바일 플랫폼을 강화시키고, 2016년 7월 유명 패션몰인 Jabong.com을 인수, 2016년 온라인 Pay 업체인 PhonePe 인수, 2017년 eBay로부터 50억달러 현금 투자 유치 등 최근까지 활발한 투자 유치와 M&A를 통하여 사업의 영역이 확장되고 있다.

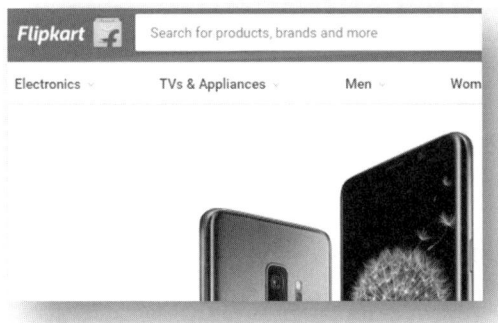

2017년 3월 결산 연도에 보고된 Flipkart의 '순매출액은 23억US$'에 달하며 전년 대비(전년 20억US$) 19% 증가하여 독보적인 인도 B2C 플랫폼의 강자임을 입증했다.

같은 기간 Amazon India의 괄목할 만한 성장에 또한 주목할 필요가 있다. 같은 회계 연도에 Amazon India는 전년도 41.05만US$에서 2017년 10억US$의 매출을 기록했는데 무려 2,436배의 놀랄만한 성장을 기록했다.

| 인도, 인터넷 사용 인구 세계 2번째

세계은행은 2017년과 2018년 인도의 경제 성장률은 7%대일 것이라

고 전망하고 있는데, 12억 8천만 명의 세계에서 두 번째로 많은 인구와 높은 경제 성장률, 중국에 이어 두 번째로 많은 인터넷 사용 인구 등, 이 모든 조건들과 비례하여 인도의 온라인 플랫폼 시장 규모도 급속하게 성장하고 있는 사실에 주목할 필요가 있다.

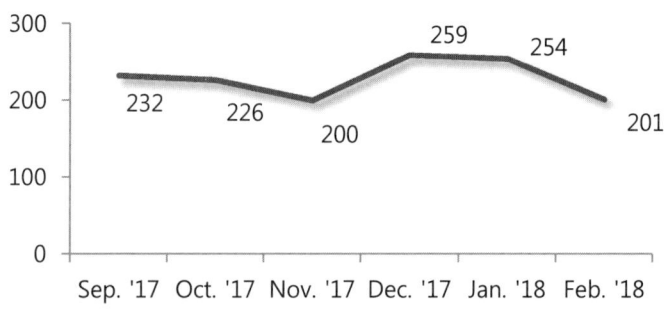

■ flipkart.com 방문자수 (단위:백만명/월)

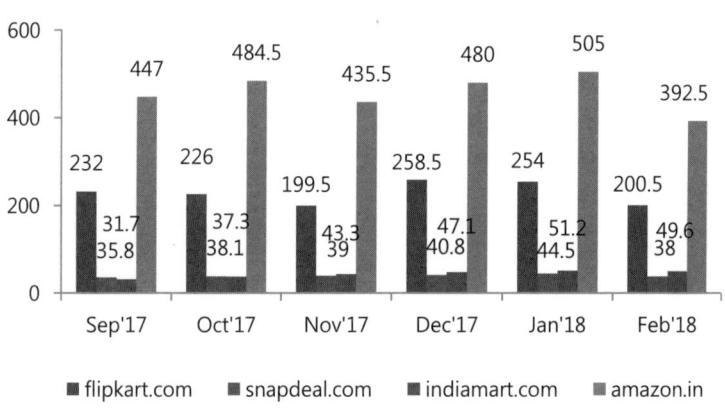

■ 인도 주요 B2C플랫폼 방문자수 비교 (단위:백만명/월)

치열한 경쟁 속에서 현재는 Flipkart가 B2C 플랫폼 시장에서 독보적인 위치에 있는 것은 분명한 사실이다. 그러나 2016~2017년에 Amazon India가 큰 성장과 매출을 기록했으며 최근의 통계 데이타는 Amazon 싸이트 방문자 수가 이미 Flipkart를 추월했다는 것을 나타내 주고 있다.

Online store에서 강한 경쟁력을 갖춘 Amazon이 곧 공식적으로 Flipkart를 추월할 것으로 전망되며 대륙에서 선두를 지키려는 Flipkart와의 치열한 쟁탈전이 예상된다.

그 뒤를 이어서 Indiamart와 Snapdeal의 두 번째 입지를 차지하려는 경쟁이 한층 치열해질 것으로 예측된다.

3-8 인도 카우보이 Amazon India

최근 2016년과 2017년의 모든 수치와 통계를 통하여 전망해 볼 때, Amazon이 곧 전통의 강자인 Flipkart를 제치고 인도 B2C e-commerce 챔피언 자리를 차지할 것으로 예측된다.

인도가 온라인 소매 시장에 외국인에 대한 직접 투자를 허용하지 않는 법규 때문에 (FDI, 'Foreign Direct Investment' in direct online retail) Amazon은 인도 시장에 진출하기 위해 다른 방법을 선택할 수 밖에 없었다.

2012년 소비자 가격 비교 싸이트인 Junglee.com으로 처음 인도 시장에 진출하여 다양한 제품에 대한 수요와 시장 정보를 수집하면서 실질적인 소비자의 요구를 파악하며 거대 시장을 공략할 철저한 준비의 시간을 가졌다.

인도 정부는 2017년에 한결 정부 승인이 간소화 된 개정 FDI 정책을 발표했다.

Amazon India는 외국 투자 기업에게 인도 시장 진입에 장벽이 되고 있는 FDI 정책 변화에 따라 어떻게 대응하는 가에 사업의 미래가 걸려 있다고 할 것이다.

최근의 Morgan Stanley 보고서에 따르면 인도의 전자 상거래 시장은 2027년까지 200억 달러를 돌파 할 것으로 예상된다. Amazon과 Flipkart와 같은 대형 업체를 수용 할 수 있는 충분한 공간이 온라인 시장에 확보되어 있기에 장기적으로 인도의 상승하는 성장 궤도에서 볼 수 있듯이 두 개의 막대한 자금을 투자 한 회사 간의 경쟁은 더욱 치열할 것으로 전망된다.

인도에서 Amazon의 주 수익원은 제3자 Seller의 판매 서비스에 대한 수수료, 광비 및 배송비를 통해서 창출되고 있다.

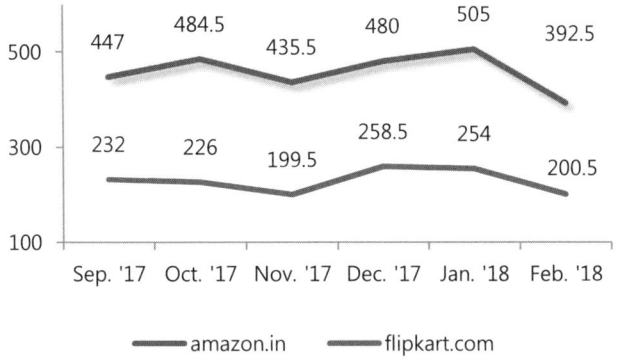

■ amazon.in vs. flipkart.com 방문자 수 비교(단위:백만명/월)

3-9   인도의 B2B2C 개척자 Indiamart

Indiamart (IndiaMART InterMESH Ltd.)는 대표적인 인도의 e-commerce 업체로서 B2C, B2B, C2C 플랫폼 서비스를 제공하고 있다.

1996년에 Dinesh Agarwal과 Brijesh Agrawal에 의해 설립되었으며, 2014년 산업 및 사무용품 중심의 중소기업을 위한 B2C 플랫폼 Tolexo를 론칭했고 2015년 현재 2,000명 이상의 고용 직원 보유, 3백만 이상의 계정 등록 공급 업체를 보유하고 있다고 한다.

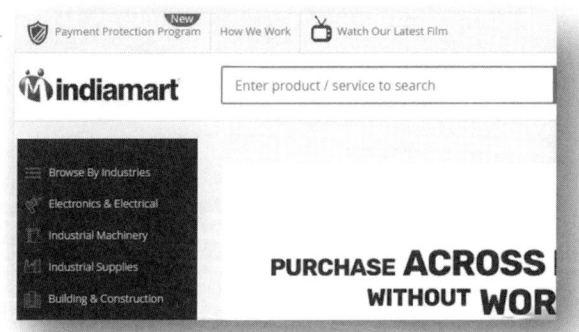

아래 도표는 2017년 9월부터 2018년 2월까지 6개월 동안의 방문자 수 비교 데이터이다. 6개월 동안 flipkart.com은 월 평균 2억 명 이상인 반면에 indiamart.com 월 평균 4,330만 명의 방문자 수를 기록하고 있다.

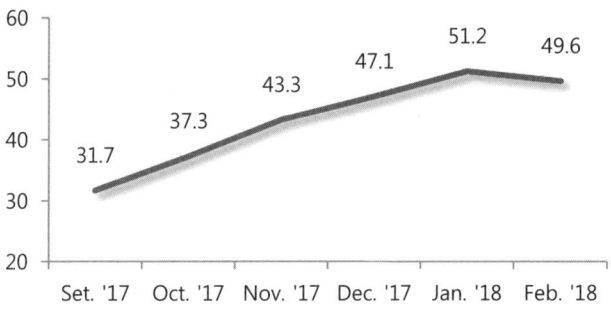

■ indiamart.com 방문자수 (단위:백만명/월)

인도 B2C 시장에서 1위 그룹인 Amazon과 Flipkart에 이어 indiamart.com 은 snapdeal.com과 함께 2위 그룹을 형성하고 있다.

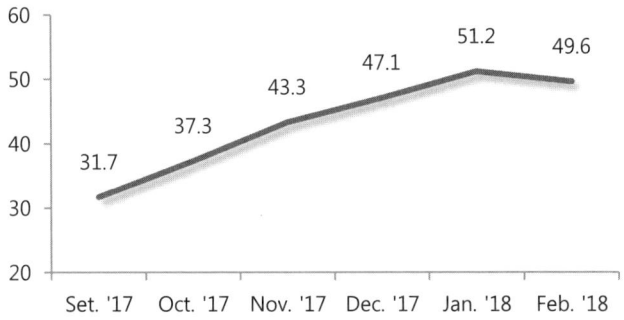

■ indiamart.com 방문자수 (단위:백만명/월)

3-10   인도의 샛별 Snapdeal

Snapdeal은 2010년 Kunal Bahl 과 Rohit Bansal 에 의해 설립되었으며 2011년에 본격적으로 온라인 플랫폼 사업의 영역에 진출을 하였다. 2014년 현재 Snapdeal은 300,000명의 계정 판매자(Supplier)를 보유하고 있는 대표적인 인도의 온라인 B2C 플랫폼이다.

Snapdeal은 Flipkart, Indiamart와 마찬가지로 글로벌 신흥 성장국인 인도에서의 지역적 기반을 바탕으로 활발한 자금 유치와 M&A 활동을 통하여 짧은 역사에도 불구하고 급성장 하고 있는 중이다.

2011년 기업 구매 플랫폼인 Grabbon.com 인수, 2012년 온라인 스포츠용품 쇼핑몰인 esportsbuy.com 인수, 인도 수공예 제품 쇼핑몰인 Shopo.in 인수, 2014년에 패션 검색 싸이트인 Doozton.com 인수, 같은 해에 Gifting 추천 싸이트인 Wishpicker.com 인수, 2015년 제품 비교 싸이트 Smartprix.com 지분 인수, 고급 패션 제품 검색 싸이트인 Exclusively.in 인수, 물류 서비스 업체인 Gojavas.com 지분 인수 등 최근까지 활발한 M&A와 지분 투자 등의 방식으로 사업의 영역을 넓혀가고 있다.

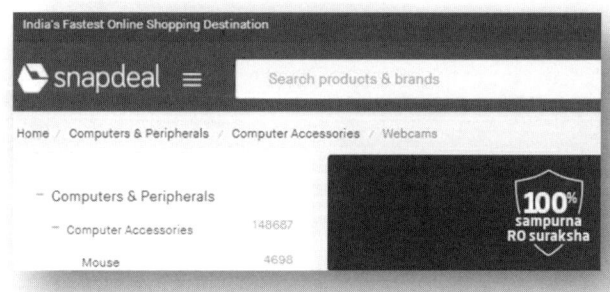

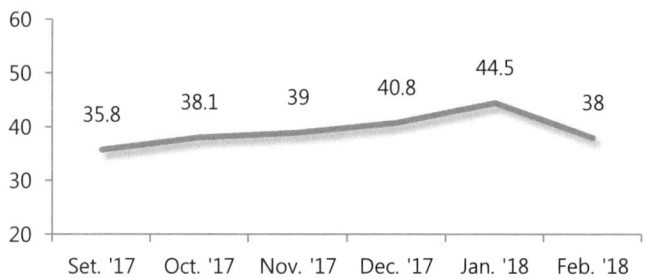

■ snapdeal.com 방문자수 (단위:백만명/월)

인도의 온라인 쇼핑 사용자는 2016년에 약 6,900만 명, 2017년에 약 7,900만 명 정도로 예측되고 있다.

현재 Snapdeal.com은 인도 B2C 플랫폼 시장에서 indiamart.com과 함께 2위 그룹을 형성하고 있다.

3-11 동남아시아 접수 Lazada

Lazada를 한 마디로 표현하라고 하면 '동남아시아의 거인'이라고 부르고 싶다. 다소 낯선 이름의 글로벌 B2C 플랫폼으로써 2016년에 Alibaba Group에서 동남아시아 시장 확대를 위해 Lazada의 지분을 인수(5억달러 지불)한 뒤, 설립 이후 짧은 기간 동안에 동남아시아 시장 지배력을 넓혀 가는 중이다.

2017년에 Alibaba Group은 10억 달러로 추가 투자하여 기존 51%의 지분율을 83%로 확대하였다. 현재는 Alibaba Group이 운영하는 동남아시아를 대표하는 글로벌 B2C 플랫폼이다.

Lazada Group은 2011년 독일의 Rocket Internet에 의해 설립 된 온라인 플랫폼 운영 업체였다.
Lazada는 2012년도에 '동남아시아의 아마존' (The Amazon.com of Southeast Asia)을 목표로 플랫폼 사업을 시작했으며 2013년에 중개 판매 e-marketplace의 플랫폼 형태를 갖추고 본격적인 활동을 시작했다.

현재는 동남아시아 7개국(홍콩, 필리핀, 말레이시아, 싱가폴, 베트남, 인도네시아, 태국)에서 5억6,000만명 이상의 소비자 시장을 커버하는 해당 지역 글로벌 B2C 플랫폼의 강자이다. 필리핀, 말레이시아, 싱가폴 플랫폼은 영어 서비스를 제공하며 베트남, 인도네시아, 태국은 자국어 서비스를 제공한다.

2016년에 아시아 6개 시장에서 총 13억6천만달러의 매출을 기록하여 동남아시아 최대 e-marketplace로써의 존재감을 나타내 주었다.

Alibaba Group의 2017년 2분기 수익 보고서에 따르면 중국 이외의 시장에서 3억8,900만 달러를 벌어 들였는데 이는 전년도 대비 136% 증가한 수치이며 이는 Lazada와 Aliexpress의 매출 증가로 인한 결과라는 것이다. Aliabab가 중국 이외의 시장에 진출한 첫 번째 케이스가 Lazada였으며, Lazada는 2016년 4월 Alibaba에 인수된 이후 짧은 기간임에도 불구하고 큰 성과를 내고 있다.

앞으로 Lazada의 시장 점유율이 높은 동남아시아 지역의 시장 성장세와 규모는 중국, 인도에 이어서 거대한 e-commerce 시장을 만들어 갈 것으로 예측되며 글로벌 메이저 e-commerce 업체들 간의 치열한 경쟁이 펼져질 것이다.

다음 도표를 통하여 알 수 있듯이 Lazada는 6개 나라에 각각 다른 주소의 플랫폼 서비스를 제공하고 있다. 각 국가마다 방문객 수는 지속적으로 증가하고 있다.

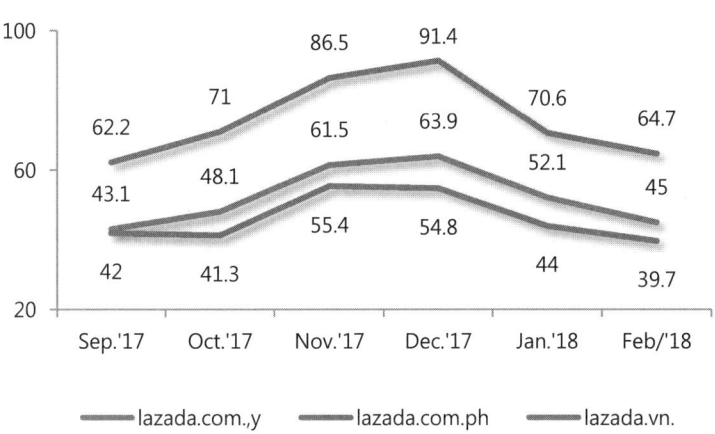

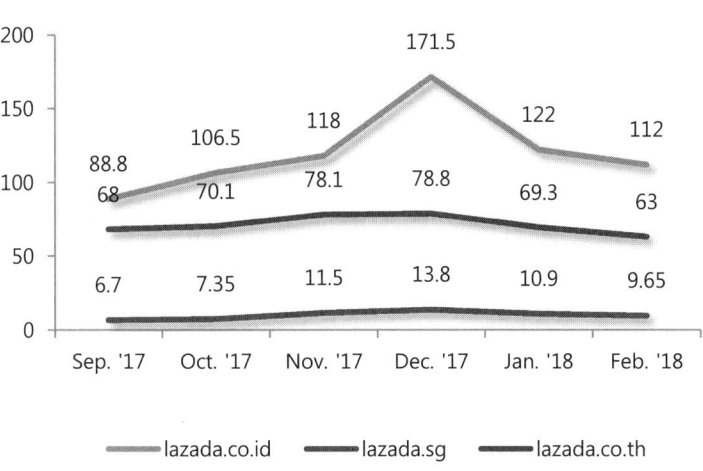

- Lazada 플랫폼 국가별 방문자수 (단위:백만명/월)

04 글로벌 Digital Pay Service

온라인으로 제품을 판매 할 수 있다면 비즈니스를 완전히 새로운 수준으로 끌어 올려 잠재적으로 엄청난 새로운 시장을 열 수 있다. 그러나 웹을 통해 제품을 판매하려면 온라인 결제를 자동으로 처리 할 수 있어야 하는데 전자상거래 사이트를 구축하는데 기술이나 예산이 없는 소규모 기업에게는 어려움이 될 수 있다.

이러한 온라인 사용자의 요구에 따라 Digital Pay Service를 제공하는 사업 모델이 탄생한 것이다.

글로벌 e-commerce 플랫폼을 활용한 마케팅을 하기 위해서는 먼저 Digital Pay Solution의 속성을 이해 할 필요가 있다.

❙ 국제 송금 시스템

국가 간에 송금을 하는 몇 가지 대표적인 방법은,
  1) 글로벌 은행을 통한 송금 (Global Bank Transfer)
  2) International eWallet 서비스
     • PayPal, Apple Pay, Payoneer 등
  3) Prepaid Debit Card 방식
     • Master Card, Visa

등이 있으며 중국의 Alipay, 러시아의 Yandex.Money 등과 같은 지불 서비스는 로컬 eWallet 방식에 속한다고 할 것이다.

이러한 온라인 결제 시스템을 구축하고 전 세계에 서비스하는 대표적인 기업이 PayPal을 비롯하여 Amazon Pay, Apple Pay, Payoneer, Atos, Paysafe

Group 등이 있고, 한정된 지역별로 서비스를 제공하는 Digital Pay 기업들이 있다. 중국의 Alipay, WeChat Pay, Tencent, 러시아의 Yandex.Money, WebMoney, 독일의 Wirecard 등이 있다.

History

1980년대 이후, 신용카드와 SWIFT(Society for Worldwide Interbank Financial Telecommunication) 방식의 국제 송금 시스템(International wire transfer system)은 일반적이고 대표적인 해외 송금 시스템이라고 할 것이다. World Wide Web이 출현 하면서 대체 결제 시스템 서비스를 제공하게 됐는데 처음에는 보안 문제로 인해 소비자가 웹에서 신용 카드를 사용하는 것을 꺼려하는 문제점이 발견되었다. 기업들은 전자 지갑(eWallet)을 판매하려고 했고 1994년 초에 사이버 캐쉬(CyberCash)가 출현하면서 소비자들이 인터넷을 통한 제품 구매를 안전하게 보장해 주었다.

그러나 2000년 미국에서 PayPal이 출현하며 사이버 캐쉬는 몰락의 길로 가고 PayPal이 미국의 주된 전자결제 시스템으로 자리를 잡게 된 것이다.

개별 국가별로 서비스가 제공되는 WebMoney(독일), Yandex.Money(러시아), Alipay(중국)등은 자국 내에서는 많이 사용되긴 하지만 글로벌 지불 시스템으로써는 한계가 있다. eWallet 서비스가 많은 송금의 유동성을 제공은 하지만 이런 인기 있는 eWallet 쏠루션 간에 자유로운 자금 흐름을 제공하지 못하고 있는 문제점을 발견하게 된다.

4-1 PayPal

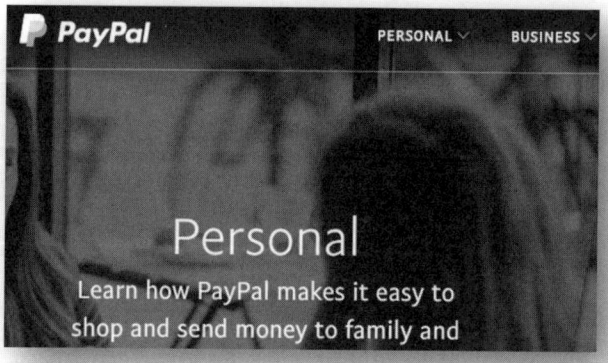

PayPal Holdings Inc. 전 세계 온라인 결제 시스템(Online money transfer)을 운영하는 기업으로써 온라인 벤더 업체, 경매 싸이트 와 기타 상용 사용자들을 위한 지불 프로세서를 운용하고 있다. 1998년에 설립되었는데 초기 X.com에서 2001년 현재의 PayPal로 이름으로 바뀌었다.

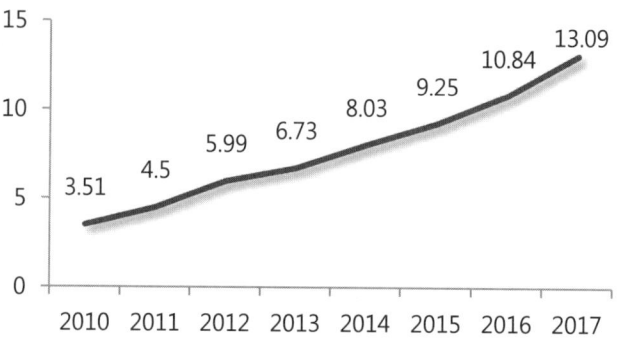

■ PayPal 연간 순매출액 2010-2017 (단위:10억US$)

2010년 순매출액은 35억1,000만US$ 였고 2017년에는 130억900만US$를 기록하여 7년 동안 무려 370%의 높은 성장률을 기록하고 있는데 이러한 높은 성장률을 올리게 된 배경에는 같은 시기에 e-commerce 시장의 높은 성장률이 있었고 이것과 비례하여 높은 매출 성장을 달성하게된 특성을 발견할 수 있다.

eBay 자회사 (2002-2014년)

2002년에 eBay에 인수되고 2014년까지 eBay의 자회사로 있었다. eBay의 인수 이후 PayPal은 eBay 사용자 대부분이 이용하는 결제 시스템이었다.

2005년에 전자상거래 비즈니스를 확장하고 보안 지원을 강화하기 위해 지불 솔루션 업체인 VeriSign을 인수했고 2008년 1월 PayPal의 사기 관리 시스템을 향상시키기 위해 비공개 기업인 온라인 위험관리 전문회사인 Fraud Sciences를 1억6천9백만 달러에 인수했다.

2010년까지 PayPal은 190개 시장에서 25개 통화, 1억 개 이상의 활성 사용자 계정을 보유하게 되었다.

eBay에서 분리

2014년 9월 eBay는 PayPal을 별도의 상장 회사로 전환 할 것이라고 발표했는데 eBay에서 분리되는 것과 상관 없이 eBay와 PayPal의 기존 계약은 2020년까지 유효하다고 공표했다.

Xoom Corporation 인수

2015년 7월에 PayPal은 Digital Pay Transfer 업체인 Xoom Corporation을 인수 중이라고 발표했다. 이 거래를 통해 PayPal은 Xoom이 보유한 130만 명의 미국 고객을 끌어들일 수 있게 되었고 37개 국으로 사업망을 확장한 PayPal의 국제 사업을 강화시키는 효과를 얻게 되었다.

모든 통계 수치는 Online money transfer 분야에서 PayPal이 부동의 글로벌1위에 랭크 되어있는 것을 확인해 주고 있다.

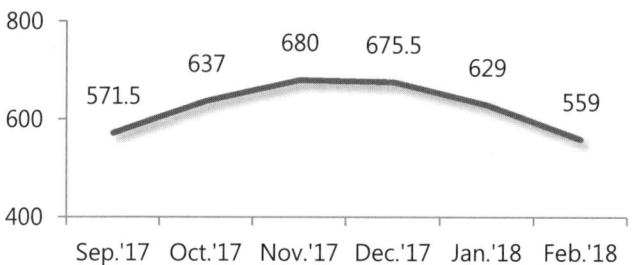

- paypal.com 방문자수 (단위:백만명/월)

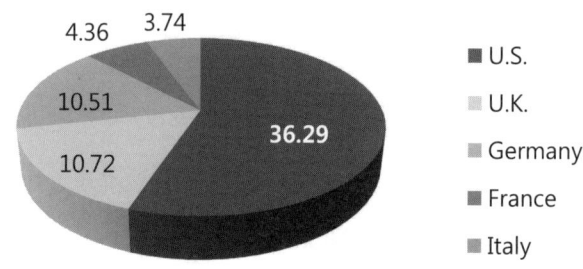

- paypal.com 트래픽 분포도 % (Feb. 2018)

PayPal은 현재 미국, 영국, 독일을 중심으로 한 경제 강국을 중심으로 제일 인기 있는 글로벌 송금 기업이다. 최근 월 평균 방문자 수는 약 6억2,533만 명에 이른다.

4-2 Payoneer

Payoneer는 미국 뉴욕에 본사가 있는 Digital Payment Service 기업이다. PayPal과 마찬가지로 국제 온라인 송금을 서비스 하는데 특별히 글로벌 B2B 결제를 주 목적으로 하여 Amazon, Rakuten, Lazada 등 글로벌 상위권의 Marketplace에서 결제 솔루션으로 채택했다. 글로벌 B2B 챔피언인 Amazon 이 결제 솔루션으로 채택한 사실이 주목을 받는 이유이다. 현재 150개 이상의 현지 화폐로 글로벌 온라인 서비스를 제공하고 있다.

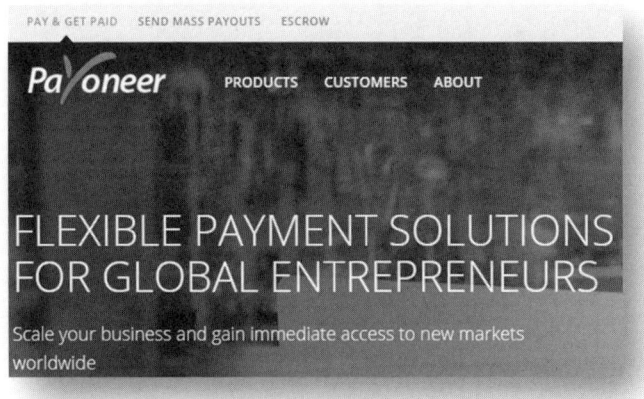

| History

2005년 Yuval Tal과 Ben Yaniv Chechik가 개인 투자자들로부터 받은 200만 달러로 설립된 기업이다. 2007년에 이스라엘의 벤처투자회사인 Greylock Partners로부터 400만 달러를 펀딩 받았고 이후 여러 투자자들로부터 투자를 받게 되었다.

2016년 3월에 500~10만 달러 사이의 소규모 거래가 발생하는 B2B

Marketplace를 목표로 하여 인터넷 Escrow 기업인 Armor Payments를 인수한다.

2016년 10월, Technology Crossover Ventures가 주도한 이스라엘 이스라엘 Fin Tech Company에서 1억8,000만 달러를 펀딩 하는데 성공하여 총 2억3천5백만 달러의 자금을 조성할 수 있게 되었다.

일본의 Rakuten을 겨냥하여 2016년 일본에 사무실을 열게 되고 일본의 e-commerce 강자인 Rakuten과 제휴를 하게 되었다. 또한 대한민국을 대표하는 B2B 플랫폼 ec21과도 파트너 관계를 시작하게 되었다.
2016년 10월 직원 수는 760명이며 2015년에 1억1,700만 달러의 매출을 달성했다.

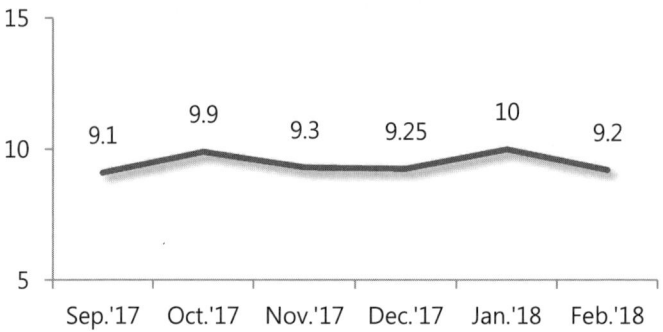

■ payoneer.com 방문자수 (단위:백만명/월)

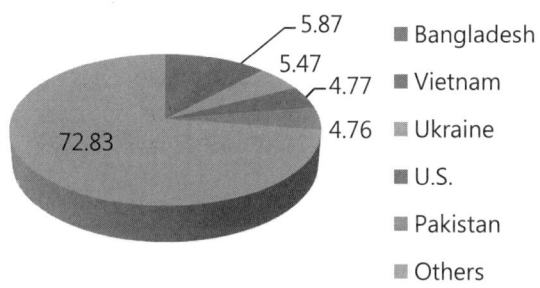

- payoneer.com 트랙픽 분포도 % (Feb. 2018)

Payoneer는 현재 월 평균 945만8,000명의 방문자가 있고 미국에 편중되지 않은 국가별 고른 트래픽 분포도를 나타내 주고 있다. 글로벌 B2B 메이저 기업과의 제휴가 앞으로의 성장에 결정적인 요인으로 작용될 것으로 예측된다.

4-3 Alipay

Alipay는 2004년 Aliabab Group과 창업 Jack Ma에 의해 설립된 제3자 모바일 및 온라인 지불 플랫폼이다. 외형상 규모로는 2013년에 세계 최대 모바일 지불 플랫폼인 PayPal을 제친 상태이다.

Payoneer와 마찬가지로 안전한 거래를 보장하기 위해 Alipay는 구매자가 상품을 수령 한 후에만 판매자에게 지불되는 에스크로 시스템(Escrow system)을 적용하고 있고 Taobao (2003년 Alipay 서비스 론칭) 등 중국에서 가장 많이 사용되는 온라인 지불 쏠루션이다.

| 중국의 5조5천억 달러 모바일 결제 시장

Alipay는 2016년 4 분기에 중국의 5조5천억 달러 모바일 결제 시장에서 점유율 54%를 차지했는데 전년도인 2015년 점유율 71%에서 낮아진 수치이다. 라이벌인 Tencent의 WeChat Pay와 치열한 점유율 경쟁을 벌이고 있는 형세다.
2017년 3월 모바일 결제 서비스 부문 시장 점유율은 54.1%이다.

Alipay는 현재 해외에서도 지불을 간편하게 하기 위해서 여러 금융 기관 뿐만 아니라 Visa 및 MasterCard와 제휴하고 있다.
2011년 Alibaba Group, Yahoo!, 그리고 Softbank에 의해 소유권 분쟁을 매

듭 짓고 Alipay의 모기업은 Ant Financial Services Group으로 재탄생 하게 된다.

2017년부터 홍콩, 싱가폴, 일본, 미국, 캐나다 등의 현지 기업과 파트너 관계를 맺으며 해외 시장으로 서비스를 확장하는 중이다.

홍콩(alipay.hk), 말레이시아(alipay.com.my), 필리핀(alipay.com.ph)은 별도의 플랫폼 싸이트가 운용되고 있다.

모든 e-commerce 통계 수치가 나타내 주는 공통점은 중국에 기반을 둔 메이저 e-commerce 플랫폼은 그 규모에서 비교 대상이 없다는 것이다. alipay.com의 월 평균 방문자 수는 약 3억4,480만 명에 이른다.

보도에 따르면 2016년 1분기 WeChat Pay의 사용자는 7억6,200만 명에 이른다. 중국 본토 석권을 위한 Alipay와 WeChat Pay와의 치열한 경쟁이 기대된다.

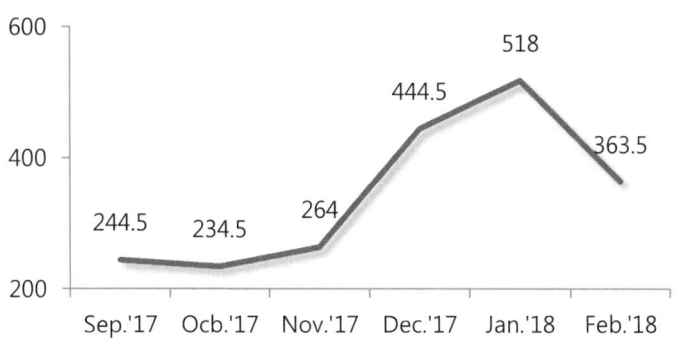

- alipay.com 방문자수 (단위:백만명/월)

CHAPTER 2

수출의 과정과 절차

01 수출 견적 (Quotation)

1-1 거래조건 (Trade Terms & Conditions) 협상

바이어와 최종적으로 계약을 하기 전에 몇 가지의 조건들을 확실하게 합의를 본 후, 그 내용에 따라 견적서(Quotation) 또는 Proforma Invoice(견적송장), 필요 시 계약서(Sales Contract / Sales Agreement)를 작성한다.

현재 실무 현장에서 보편적으로 쓰이는 형식과 화폐단위(USD)를 기준으로 하여 최종 견적을 결정 하기 전 확인해야 할 거래 조건들에 대해 설명한다.

반드시 중요하게 체크해야 할 것은 물품의 공장 또는 창고 출고가에 더하여 부과되는 여러 가지 비용을 '어디까지, 누가 부담하는 가'에 대한 것이다. 이러한 모든 조건을 고려하여 바이어와 사전에 조율하고 최종적인 수출 가격(물품 인도 가격)을 결정하고 견적을 한다.

A   인도조건 (Delivery Terms)

매도인(Exporter or Shipper)과 매수인(Consignee)간에 인도 장소와 선적 시기(인도 시기)를 어떻게 할 것인가에 대한 약정이다.

인코텀스에서 "Terms of Delivery"와는 구분하여 사용한다. "Terms of Delivery" 조건은 물품의 점유권과 소유권을 포함한 인도조건의 법적 한계점을 명시한 용어이고, "Delivery Terms"는 일자와 장소에 한정된 용어이다.

- 인코텀스 (INCOTERMS, International Commercial Terms)

국제상업회의소(ICC, International Chamber of Commerce)가 정한 국제 매매 계약에서 이용하는 표준화된 무역용어에 대한 규칙이다.
현장 실무에서 가장 많이 쓰이는 인도 조건에 대해서 설명한다. 기본 견적은 일반적으로 FOB조건으로 한다.

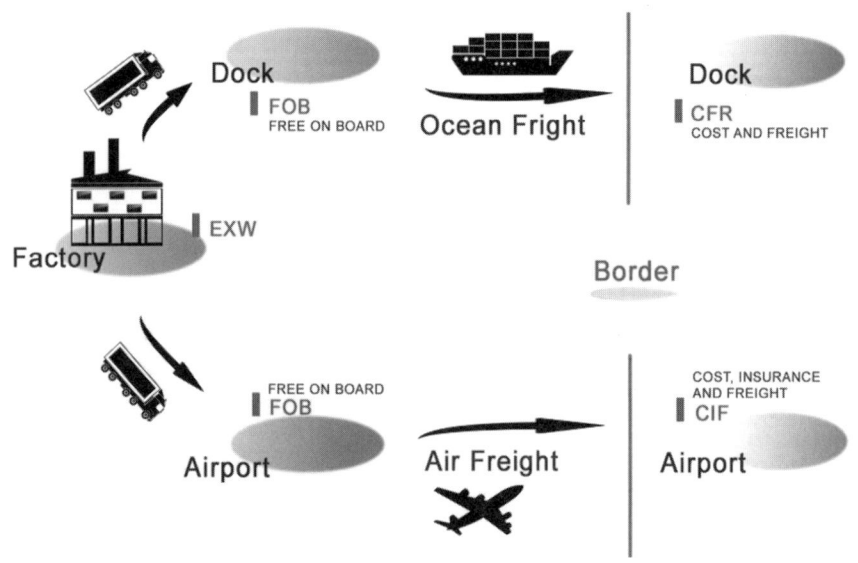

| FOB : Free on board

매도인(Exporter)이 선적할 수출 물품을 지정항구 또는 공항에 적재하고, '본선 상에서 화물의 인도를 마칠 때 까지' 발생되는 모든 비용(내륙 물류비, 각종 Port Fee)과 위험을 부담하는 무역거래 조건이다.
FOB "port", "국가명"으로 기재한다.

예를 들어 "FOB Busan, Korea" 해상 조건일 경우, 물품 출고지(공장 또는 창고)에서 부산항까지의 내륙 물류비용, 위험비용(보험 등), 부산항에서 발생하는 모든 부대비용(Port fee, 일반적으로 CBM 또는 컨테이너 규격에 기준하여 부과 된다)을 매도인(Exporter)이 부담하는 조건이다.

항공 운송(Air Freight)의 경우 일반적으로 무게를 기준으로 하여(Weight charge, Volume charge로 부과하는 예외 조건의 물품이 있음), 부대 비용(Port fee, 포워더의 기타 handling charge)이 부과된다. 실제 무역거래의 여러 조건 중에서 CFR, CIF와 더불어 가장 많이 쓰이는 거래 조건이다.

| CFR : Cost and Freight

운임 포함 인도, '본선에 선적할 때까지'의 모든 위험과 비용, 목적지(Final Destination)까지의 운임을 매도인(Exporter)이 부담한다.
인보이스 상에 'CFR Budapest, Hungary'라고 표기한다.

| CIF : Cost, Insurance and Freight

운임, 보험료 포함 인도, 'CFR 조건에 보험료(Insurance)가 포함'된 조건(CFR + Insurance)이다.
인보이스 상에 'CIF Budapest, Hungary'라고 표기한다.

| EXW : Ex Works

매수인(Consignee)에게 '수출자의 공장 또는 창고에서 물품을 인도'하는 조건으로써 매수인(Consignee)이 내륙 물류비와 항구 부대비용(Port fee)등 통관절차를 포함한 모든 위험과 비용을 부담하는 조건이다.

| DDP   : Delivered Duty Paid

관세지급인도, 수입국에서 발생하는 모든 통관비용, 관세 등 제세를 수출자가 부담한다.
DDP '목적지, Final destination' 까지 발생하는 모든 비용과 위험을 수출자가 부담한다.

| DAP   : Delivered At Place

도착장소인도, 통관비용과 관세를 제외한 DAP '목적지, Final Destination' 까지 발생하는 모든 비용과 위험을 수출자가 부담한다.

| DAT   : Delivered At Terminal

도착터미널 인도, 도착 항구 또는 도착 공항의 터미널까지 발생하는 모든 비용과 위험을 수출자가 부담한다.

| 주의사항

DDP, DAP, DAT 인도조건의 경우, 수입국 현지에서 발생되는 관세와 부대 비용을 정확하게 파악해야 한다는 것인데, 고의로 현지 사정에 정확한 정보나 파트너가 없는 수출자를 속이려는 목적으로 이러한 인도조건을 요구하는 경우가 있다. 인도조건은 수입자와 수출자의 사전 합의 하에 정하는 것이다. 명확한 발

생 비용을 계산할 수 있는 인도조건(FOB, CFR, CIF)에 따른 계약을 하는 것이 안전하다.

B 지불조건 (Payment Terms)

일반적으로 T/T(Telegraphic Transfer, 전신환 송금 방식) 또는 L/C(Letter of Credit, 신용장)를 주로 이용하고 있으나, 중소기업의 경우 현재는 거의 T/T로 결제하는 추세이다. 바이어에게 수출자의 Bank Information을 전달한다. 상황에 따라서 Western Union을 통해서 송금하는 경우도 있다. 이 경우 개인 신상 정보(여권상의 영문 이름, 국적, 연락처)를 바이어에게 전달해 주면 된다. 보통 지불조건은 P/I 상에 "T/T IN ADVANCE" 라고 표기한다.

- 웨스턴 유니온(The Western Union Company)

1851년에 미국에서 설립된 금융, 통신 회사이며 전 세계 200여 개국에서 개인 송금, 기업 지출과 무역 업무를 대행하고 있다.
개인간 해외송금을 현지 파트너 은행을 통해 할 수 있다.
해외에서 송금한 후 "MTCN 코드"를 전달 받아서 국내 취급 은행을 통해 송금 외환을 찾을 수 있다. 당일 수신이 가능하다.

- Bank Information

Bank name: Industrial Bank of Korea (Sang Dong Jung Ang Branch)
SWIFT CODE : IBKOKRSEXXX
Address: 300-0, Sang-dong, Wonmi-gu, Bucheon-si, Gyeonggi-do, Republic of Korea
Account No. : 455-000000-00-00000

Beneficiary name: GH TECH

C 사전준비기간 (Lead Time)

바이어의 주문에 따라 물품이 준비되는 기간을 의미한다. 원자재 준비 기간, 생산 기간 등을 포함하여 선적할 수 있는 완전한 기간을 말하며, 보통 인보이스 상에 아래와 같이 명기한다.

- Manufacturing Lead Time(MLT) : 제품의 생산 소요 시간(기간)
- Cumulative Lead Time(CLT) : 누적 소요시간으로써 원자재 구매와 기타 일반 행정의 소요시간을 누적한 시간을 말한다.
- Delivery Lead Time(DLT) : 일반적으로 현지 도착항 또는 공항(Final Destination)까지의 물품 전달 기간을 말한다. 생산 소요 기간을 포함하여 소요되는 모든 기간을 말하는 것이다.

일반적으로 "30(more or less) days after receipt of T/T"라고 표기한다.

D 선적 (Shipment)

해상(Ocean freight) 또는 항공(Air afreight)으로 표기한다.

E 선적지 or 적하항 (Port of Loading or Shipping port)

일반적으로 선적항, 국가 순서 (예: Busan, Korea / Incheon, Korea) 로 표기한다.

F 최종 목적지 (Final Destination or Port of Discharge)

발생할 수 있는 문제와 책임의 소재를 명확하게 하기 위해서 최종목적지를 정확하게 표기한다.
예를 들어 'Final destination : Vladivostok, Russia' 로 표기한다.

G   포장 (Packing)

"Standard Export Packing" or "Standard Export Packing with Pallet" 로 표기한다.

H   운송회사 (Carrier & International Freight Forwarder)

Carrier는 항공사나 선사를 말하고, 국제물류업체는 운송을 핸들링 하는 포워딩 업체(Forwarding company)를 의미한다. 항공사나 선사의 변경이 있을 수 있기 때문에 기재 안 해도 무방하다.

I   수출자 (Shipper or Exporter)

Consignee (수하인, 하물 인수자)의 정보와 더불어 기본적인 정보이다. 공식적인 업체 이름, 주소, 연락처 등을 기재한다.

- 하물: 화물과 같은 의미임. 화물의 일본식 표기라고도 함.

J   수하인, 수취인 (Consignee)

공식적인 화주(또는 하주), 수입자(Importer)를 말하는 것이다. Shipper와 마찬가지로 공식적인 업체 이름, 주소, 연락처 등을 기재한다.

K   이해 관계인 (Notify party)

일반적으로 Consignee와 Notify Party는 동일인 경우가 많다. 이 경우 'SAME AS ABOVE" 또는 "SAME AS CONSIGNEE"라고 표기한다.
외환 송금등과 관련하여 입증이 필요한 경우(수출 대금 송금인과 수하인이 다를 경우 등) Reference란에 명기하고 Notify Party란에 이해 관계인의 연락처 정보를 기재한다.

L   HS CODE

'HS CODE'는 1988년 국제협약으로 채택된 '국제통일상품분류체계 (Harmonized Commodity Description and Coding System)'를 뜻한다. 무역에서 거래되는 표준화된 상품 코드로써 수출, 수입과 관련된 관세 체계, 무역 통계, 운송, 보험 등에 국제적으로 통일되게 적용되는 시스템이다.
각 나라에서 부과하는 관세는 이 HS CODE를 기준으로 하기 때문에 수출자와 수입자는 정확한 상품의 분류 기준에 기초하여 기재하도록 한다.

HS CODE는 10자리까지 사용 가능하다. '6자리까지는 국제 공통 코드'이고 7번째부터는 각 나라에서 분류하는 코드이다. '대한민국은 10자리를 사용'한다. 인보이스 상에 제품의 정확한 HS CODE를 기재한다.
예를 들어 PVC 튜브 제품이라고 할 경우, DESCRIPTION 항목에 제품명이나 모델명을 기재하고 아래와 같이 명기한다.

- DESCRIPTION : "PVC tube/8mmx1.2M", HS CODE : "3917.31.9000"

$$3917.31.9000$$
①   ②   ③   ④

- No.1 : 1~2자리, 상품의 군별 구분
- No.2 : 3~4자리, 소분류로 동일류 내 품목의 종류별·가공도별 분류
- No.3 : 5~6자리, 세분류 동일호 내 품목의 용도·기능 등에 따른 분류
- No.4 : 7~10자리, 각 나라별 세분화 숫자

M   SWIFT CODE

SWIFT (Society for Worldwide Interbank Financial Telecommunication, 국제은행간 통신협회) CODE는 국제적으로 통용되는 은행식별코드이다.

■ 국내 주요은행 SWIFT CODE

은 행 명	Bank Name	SWIFT CODE
국민은행	KOOKMIN BAN	CZMBKRSE
기업은행	INDUSTRIAL BANK OF KOREA	IBKOKRSE
농협	NATIONAL AGRICULTURAL COOPERATIVE FEDERATION	NACFKRSE
신한은행	SHIN HAN BANK	SHBKKRSE
외환은행	KOREA EXCHANGE BANK	KOEXKRSE
우리은행	WOORI BANK	HVBKKRSE
하나은행	HANA BANK	HNBNKRSE
한국씨티은행	CITIBANK KOREA	CITIKRSX
우체국	KOREA POST OFFICE	SHBKKRSEKPO
SC 제일은행	STANDARD CHARTERED FIRST BANK KOREA	SCBLKRSE

1-2 최종 견적서 (Quotation / Proforma Invoice) 작성

위에 열거한 모든 '거래조건 (Trade Terms & Conditions)'을 바이어와 협의를 통해 최종 확정한 후, 견적을 한다. Quotation(바이어가 요구 시 작성)과 Proforma Invoice를 작성한다.

위에 열거한 필수적인 항목의 거래조건(인도조건과 지불조건, Trade Terms & Conditions)에 기초하여 최종 견적을 내는데 일반적으로 Proforma Invoice 와 Contract를 작성하여 바이어에게 보내고, 바이어는 이 두 가지 서류를 근거해서 수입대금을 송금하는 것이다.

- Quotation

ABC Company

QUOTATION

Messrs. : KHA Co., Ltd.

Ref. No. : 190311
Date : Mar.30.2015

We are pleased to issue Quotation under-mentioned goods with following terms and conditions :

Commodity & Description	Q'TY	Unit Price/USD	Total Amount/ USD
1.PVC TUBE/15mmx15m	24 pcs	500.00	12,000.00
Total	24pcs		USD12,000.00

Origin :
Payment :
Packing :
Shipment :
Inspection :
Validity :
Remarks :

Note : Details of the Seller's bank account are as below :

Bank Name :
SWIFT CODE :
ADDRESS :
Beneficiary Account No. :
Beneficiary Name :

We would appreciate if you would take kind action soon.

Yours faithfully,

John Kang/Director

■ Proforma Invoice (P/I)

PROFORMA INVOICE

1.SHIPPER / EXPORTER ABC COMPANY ADDRESS TEL: CONTACT PERSON E-Mail			8. INVOICE NO. and DATE No. : ABC235501 Date : JAN. 20. 2018		
			9. REMARKS * TERMS OF DELIVERY : FOB INCHEON, KOREA "FREIGHT PREPAID"		
2.CONSIGNEE KAH CO., LTD. ADDRESS TEL: CONTACT PERSON E-Mail					
3. NOTIFY PARTY SAME AS ABOVE.					
4. PORT OF LOADING INCHEON, KOREA	5. FINAL DESTINATION BERLIN, GERMANY				
6. CARRIER	7.SAILING ON OR ABOUT				
10. MARK&NO. OF C/T 24 C/T ABC COMPANY MADE IN KOREA	11.DESCRITION OF GOODS PVC TUBE/15mmx15m	12.H.S. NO. 3917.34.9000	13.Q'TY 24 PCS	14.UNIT PRICE/USD 500.00	15.Amount/USD, FOB INCHEON, 12,000.00
	TOTAL				USD12,000.00
			16.SIGHNED BY John Lee/President On behalf of ABC COMPANY		

■ SWIFT 전문

수출자가 Proforma Invoice 에 근거하여 수입자에게 T/T로 송금한 내역이다. 인터넷 기업뱅킹을 통하여 조회가 가능하다.

고객번호	455-027417	계좌번호	045554IR1500829
수발신구분	수신	수발신일자	2015-09-21
M/T번호	103	전문번호	20150921S02930

전문내용	
	DOC-ID:20150921S02930/MT103/REFNO:045554IR1500829 /BPR-ID:20150921002930 지점 :상동역 USER:000000 -------- --> TOP OF TEXT <-- (TEL: 032- 328-8632) *FM 발송은행 BIC CODE : SCBLUS33XXX BANK NAME : STANDARD CHARTERED BANK NEW YORK 접수 구분 : 정상 해외 발송일자 : 20150920 *TO :INDUSTRIAL BANK OF KOREA SEOUL -------- :20 :SENDER'S REFERENCE 2015092100040556 :23B:BANK OPERATION CODE CRED :32A:VALUE DATE/CURRENCY/INTERBANK SETTLED AMOUNT 150921USD9995, :33B:CURRENCY/INSTRUCTED AMOUNT USD10000, :50K:ORDERING CUSTOMER /HU78109180010000007491030011 ABC GLOBAL KFT BUDAPEST BERCSENYI UTCA 18 :52A:ORDERING INSTITUTION BACXHUHB :59 :BENEFICIARY CUSTOMER /4550274175600019 GH TECH BUCHEON-SI,GYEONGGI-DO, KOREA. :70 :REMITTANCE INFORMATION /RFB/SWF OF 15/09/17 455-027417-56-00019 INDUSTRIAL BANKOF KOREA SANG DONG JUNG ANG BRANCH GH-15051914 :71A:DETAILS OF CHARGES SHA -------- --> END OF TEXT <--

■ T/T (Telegraphic Transfer)

'전신환 송금'을 뜻한다. 은행을 통해 전신 또는 텔렉스를 이용하여 수입대금을 송금하는 방식이다. L/C (Letter of Credit, 신용장)와 비교하여 간단한 방식이며, 일반적인 중소기업 간 무역거래에서 보편화된 송금 방식이다. 수입자는 P/I (Proforma Invoice)를 근거로 하여 수입 대금 목적의 외환 송금 임을 입증하기 위해 거래 은행에 제출하고 T/T로 외환 송금을 할 수 있는 것이다.

02 계약서 (CONTRACT/AGREEMENT)

무역 현장에서는 제품 불량 등 품질(Quality)에 문제, 제품 파손 또는 변질에 대한 문제, 약속된 시간을 지체하여 손실이 발생한 경우 등 크고 작은 문제와 분쟁이 종종 발생한다. 이러한 문제 또는 분쟁 발생 시 사전에 합의된 계약서에 따라 손실을 입은 계약 당사자는 손실을 끼친 계약 당사자에게 공식적인 클레임을 제기할 수 있다.

모든 거래는 계약서 대로 이행

무역에서 이런 문제가 발생할 경우 계약 당사자는 많은 손실을 보게 된다. 주문 접수에서 물품 인도까지 전 과정에 대해 충분한 시간적 여유를 가지고 사전에 문제 발생 요인을 제거하고 약속대로 이행하는 것이 무엇보다 중요하며 이러한 모든 점을 고려하여 계약서를 작성하고 모든 거래는 계약서 대로 이행해야 하는 이유이다.

계약서란 특정한 조건에 따라, 판매자가 판매에 동의 하고 구매자는 구매에 동의 하는 쌍방의 서명이 명시되고 작성된 공식 문서를 의미한다. 예를 들어서 송장(Invoice), Agreement of sale, Contract for sale, Sale agreement, Sale contract 등이 이에 포함된다.

일반적으로 합의 된 금액, 지불 약속, 상품의 인도 약속, 패키지 구성, 보증, 하자 발생 또는 분쟁 발생 시 해결 방법 등에 관해 합의하고 문서화 한 판매 계약서는 법적인 효력을 갖는다.

아래의 계약서 쌤플 서식을 통하여 공식적인 계약서 (Contract, Sales Contract, Sales Agreement) 작성 시, 쌍방이 서명 날인 한 계약서의 중요성을 인식하고서 항목 별로 점검해야 할 기본적인 핵심 사항에 대하여 설명한다..

Buyer, "DOD Company", Russia 와 Seller, "ABC TECH", Korea의 계약 이라고 가정하여 일반적인 항목에 관한 설명이다.
먼저 업체의 규정에 따른 계약서 넘버를 기재한다.

■ CONTRACT 작성

CONTRACT № DOD140910

«10» Sep. 2017

Firm „ABC TECH", Korea, hereinafter referred to as "the Seller", on one hand, and «DOD Company» , Moscow, Russia, doing business on the base of statutes hereinafter referred to as «the Buyer», on the other hand, have concluded the Contract of the following,

No.1   Subject Of The Contract
　　　계약대상물품

| 계약 할 물품의 단가(Unit Price/US$)를 포함한 상세한 정보 기재 항목

Seller will place to the buyer: the under-mentioned commodity according to the terms and conditions stipulated as below,

Commodity & Specification	Quantity/Roll	Unit Price/US$	Total /US$
1. PVC Tube/Model 520	30 roll	200.00	6.000.00
2. PVC Tube/Model 530	20 roll	300.00	6,000.00
3. PVC Tube/Model 540	10 roll	400.00	4,000.00
Total			US$16,000.00

No.2   Price and Total Amount of the Contract
　　　계약금액

2.1 The total amount of the Contract is US$16,000.00

2.2 The price of the goods includes the delivery basis and kind of option and indicates in invoice and consists also the price of export packing, marking, shipment, piling, securing of the goods and the cost of material necessary for this.

▎ 상품의 가격은 수출 포장, 마킹, 선적, 적재, 안전 사항과 필요한 자재 원가로 구성된 여러 가지 옵션을 포함한 단가(Unit Price)와 합계(Total Amount)를 인 보이스에 표기한다는 일반적인 내용

No.3   Delivery Basis and Terms
인도조건

3.1 Delivery terms are understood to be FOB BUSAN, Republic of Korea /INCOTERMS -2000. Delivery of the goods by Seller is carried out by transport. First stage of delivery is carried out in the period of 40 days after the moment of concluding this Contract. In addition to the stated terms goods to be delivered must be prepared, tested, packed, marked and delivered to the carrier company.

▎ 인도 조건은 INCOTERMS -2000에 근거하여 'FOB Port, Nation' 기준으로 하고, 화물 운송은 본 계약 체결 후 40일 이내(기간은 쌍방 협의 후 최종 확정)에 계약서에 명시된 조건에 따라 운송업체에 인도 되어져야 한다는 일반적인 내용

3.2   The data of the   Bill of Lading   (선적 날짜)
3.3   The Seller should provide beforehand to the Buyer packing list for each seat of the goods and also other shipping documents.

▎ 수출자는 수출 물품의 포장 상세 내용이 포함된 Packing List와 기타 선적 서류를 수입자에게 인도한다는 일반적인 내용이다. 선하증권(B/L, Bill of

Lading)은 선적일을 기준해서 선사 또는 포워딩 회사가 발행하고 일반적인 무역 거래에서 계약서의 효력 발생 일자는 '선적일'을 기준으로 한다.

No.4   Payment Terms
지불조건

4.1   Payment for the goods supplied according to the mutual agreement of the two sides can be made in US Dollars before the goods where supplied by means of the payment into the Seller`s foreign currency account .

▌ 쌍방의 계약에 따라 물품비에 대한 지불을 수출자의 외환 계정으로 선 지불 한다는 내용이며 화폐는 US Dollar로 명시

4.2   Payments according to the Contract will be effected by transferring clean payment (SWIFT system) to the Seller's bank account according with the following schedule:

▌ 계약 금액에 대한 Payment는 SWIFT 시스템으로 수출자가 지정한 은행 계정으로 약속된 스케쥴에 따라 수행된다는 내용 기재 항목이며, 상세한 지불 스케쥴에 대하여 사전에 합의된 내용을 기재

4.3   All taxes, duties, customs fees in connection with the execution of the present Contract are paid by each party on its own territory, bank commissions are to be paid by Buyer.

❙ 계약 쌍방의 각 국가에서 부과되는 관세와 기타 세금은 각자 부담하며, 은행 수수료는 바이어가 부담한다는 내용 기재 항목이다. 수입업체로부터 받은 외환 환전 시 부과되는 은행 환전 수수료에 대해서도 쌍방 간 합의에 따라 지불의 주체를 명확하게 기재하는 것이 원칙이다.

❙ 은행 수수료는 송금에 대한 수수료(양 쪽 발생), US Dollar 구매에 대한 수수료(수입자에게 발생), 원화 환전 수수료(수출자에게 발생)가 있다. 은행 수수료에 대한 부담 책임에 대해 명확히 기재한다.

No.5 Guarantees of the Quality of the Goods
물품의 품질 보증

5.1 The Seller guarantees that:
the delivered goods fully conforms to the highest level of technology and to the highest standards existing in the Seller's country for the present type of the goods at the moment of the Contract date; Complete set of the goods and operational quality characteristics of its shall meet the terms of the Contract.

5.2 The Buyer has the right to return the rejected goods for their replacement by the goods of proper quality to the Seller. All the transport and other expenses connected with delivery and returning of defective goods are to be paid by the Seller. Product warranty period should be 12 months from the date of shipment.

▎계약 물품의 Delivery, 품질, 하자 발생 시, 불량 물품에 대한 수입자의 반환 권리와 그에 따른 운송 및 발생되는 기타 비용 책임에 대한 규정인데, 수출자가 지불하며 보증 기간은 선적일로부터 12개월이라는 항목 기재 내용

▎물품 운송 과정 중에 패키지가 파손되는 경우가 많이 발생하고 있다. 기본적으로 인도 조건에 따라 책임 부담이 달라지는데 화물 운송은 포워더가 책임 지는 것이다. 수출자의 책임 범위 안에 포워더의 책임이 포함돼 있다고 보면 된다. 중간 운송 과정에서 발생한 파손 등의 경우 증거 사진으로 확인하면서 명확한 책임의 부담 주체가 누구인지를 확인할 수 있도록 한다.

▎ 하자 물품의 기준과 범위, 보상 기준과 범위는 쌍방 합의 하에 본 계약서 상에 또는 별도의 하자 보증 계약서를 작성해도 무방하다.

No.6   Packing and Marking
      포장과 마킹

6.1 The shipped goods package shall be adequate to the character of delivered products and shall protect it from any kind of damages, corrosion and overloading during transportation, as well as prolonged storage. Package shall be strong enough to sustain by cranes and/or by manual labor.

▎ 선적 될 물품의 포장(Packing)에 관한 내용으로써 최종 패키지의 내구성 등 물품 특성에 맞춘 안전한 포장을 약속한다는 내용의 항목이다. 실제로 물품 운송 과저에서 최종적으로 수입자의 손에 전달되기까지 여러 단계의 운송 과정을

거치면서 파손되는 경우가 비일비재 하기에 물품 패키지 상태가 튼튼해야 한다.

▎파손 시 각 단계별로 운송 업체에 대한 보상 책임을 부과할 수는 있으나 실제로 국제 운송에 있어서 정확한 책임 소재를 가려내기는 쉽지 않다. 튼튼한 패키지로 무장 시키는 것이 사전에 이러한 문제를 방지할 수 있는 최선의 방법이다.

6.2 The Seller is responsible for the defective goods due to inadequate packaging, conservation and wrong marking.

▎수출자는 부적합한 포장, 보전 및 잘못된 마킹으로 인한 하자 물품에 대한 책임이 있다는 내용 기재 항목

No.7 Delivery and Acceptance of the Goods
물품의 인도와 인수

The goods is considered as delivered by the Seller and accepted by the Buyer as to the quality – according to the Quality Certificate issued by the Seller as to the number of pieces – according to shipping documents.

▎물품은 판매자가 발급한 품질 인증서와 선적 서류에 따라 계약된 수량대로 수입자가 그 모든 내용을 승인한다는 내용 기재 항목이다. 수출 물품은 계약서, Commercial Invoice, Packing List, B/L에 명기된 대로 진행 되어져야 한다는 내용

No.8 FORCE MAJEURE
불가항력조항

8.1 The Parties are free from the liability for complete or partial failure to fulfill the commitments under the present Contract, if the circumstances are beyond their control, namely: fire, flood, earth-quake, strike, military operations, decisions of appropriate Authorities of the one or the Party, if these circumstances influenced directly the execution of the present Contract.

❙ 양 당사국은 쌍방이 통제 할 수 없는 경우 즉, 화재, 홍수, 지진, 파업, 군사 작전, 계약 쌍방 국가의 특정한 결정에 따라 이루어지는 불가항력적인 상황에 대한 문제 발생 시, 그 책임을 면제한다는 내용

8.2 The Party who failed to fulfill the commitments under the present Contract shall advise within 3 days the other Party of the occurrence and the cessation of the above circumstances.

❙ 계약서대로 약속을 수행할 수 없는 8.1 항목의 불가항력적인 문제 발생 시, 3일 이내에 쌍방 계약 당사자에게 통보한다는 내용

8.3 If these circumstances continue over the period of more than 3 months, each of the Parties has the right to refuse further fulfillment of his commitments as per this Contract.

❙ 이러한 상황이 3 개월 이상 지속되는 경우, 각 계약 당사자는 이 계약에 따

라 그의 약속을 더 이행 할 것을 거부 할 권리가 있다는 내용

No.9   ARBITRATION
중재

9.1 The Seller and the Buyer will take all the measures to solve all the disputes and differences which may arise from the present Contract or in connection with it by friendly means.

▎매도인(수출자)과 매수인(수입자)은 본 계약과 관련하여 발생하는 모든 분쟁과 문제를 해결하기 위해 함께 모든 조치를 취한다는 내용

9.2 In case the Parties cannot come to any agreement, all the disputes and differences, except jurisdiction over general courts, are to be referred to the Commercial arbitration of Chamber of Commerce of Russia in Moscow.

▎양 당사자가 합의에 도달 할 수 없는 경우, 일반 법원의 관할권을 제외한 본 수입 건에 대한 모든 분쟁은 매수인의 관할 지역(예: 러시아 모스크바) 상공 회의소 (Chamber of Commerce) 중재 재판에 회부한다는 내용

9.3 The arbitration award is to be final for both Parties.

▎수입자 관할 상공회의소에서 결정한 '중재 결정(The arbitration award)'이 양 계약 당사자에게 '최종 중재 결정'이라는 내용

No.10　Other Terms
기타 조건

10.1　Any amendments and supplements to the present Contract, until it's dissolution by the parties, are valid only if made in writing and signed by duly authorized representatives of the both Parties.

▍양 당사자가 파산 또는 폐업하기 전 까지는, 현 계약에 대한 모든 수정 및 보충 내용을 서면으로 작성하고 양 당사자에게 정식으로 권한을 위임 받은 대표가 서명 한 경우에만 유효하다는 내용

10.2　Present Contract, all the supplements, specifications and other relative documents received by fax/E-mail are valid and in integral part of the Contract.

▍팩스와 이메일로 받은 현 계약서, 보강 내용, 사양 및 기타 관련 문서는 유효하며 계약의 일부라는 내용

▍각 국가와 해당 국가의 지역 세관에 따라 수입자에게 요구하는 서류 중에는 반드시 계약서 또는 Commercial Invoice 상에 수출자의 서명 날인과 스탬프가 찍혀진 원본 서류를 요구하는 경우가 있다. 규정 여부를 떠나서 수입 물품의 빠른 통관을 위하여 사전에 수입자와 면밀하게 확인 한 후 선적 서류를 전달한다. 거의 모든 나라가 계약서나 Invoice의 복사본(copy)을 가지고 통관 절차를 하는 것이 일반적이다.

No.11   Validity of the Contract
계약효력

11.1   The Contract is to be valid from the date of its signing by the Parties and to be in force until the moment of implementation the obligations by the Parties on present Contract.

❙ 계약은 당사자의 서명일로부터 유효하며, 이행 순간까지 현 계약에 대한 당사자의 의무를 이행한다는 내용

❙ 계약 효력이 유효한 시점에 대해서는 명확하게 규정 해야 한다. 이 경우, '서명한 날'이 계약의 효력이 발생하는 시점이다. 수출 계약의 경우 '물품 선적일'을 계약의 효력 발생 시점으로 규정하는 것이 일반적이다. 물품 선적일을 기준으로 선사에서 B/L(선하증권)을 발행한다.

11.2   This Contract is drawn up in English and Russian in 2 copies, one for each Party, which has the same legal force and contains 3 pages.

❙ 본 계약서는 영어와 러시아어로 각각 2 부씩 작성되며, 각 당사자마다 동일한 법적인 권한을 갖고 있으며 3 페이지로 완성됐다는 내용

No.12 Legal address of the parties
당사자의 법적 주소지 기재 및 서명

The Seller	The Buyer
"ABC TECH"	"DOD Company"
By :	By :
Title :	Title :

▌공통 항목

"Signature, Title & Company Stamp"

03 기타 Sales 부가관련 계약서

3-1 독점권 계약 (Certificate of Exclusive Right)

'독점 판매권(Exclusive or Sole Sales Right)'에 관한 계약서 작성 시, 아래의 내용을 기본으로 하여 구체적인 '독점판매 지역, 기간, 대상 물품' 등에 관한 상세한 내역을 합의한 후 공식 계약서를 작성한다.

We company "ABC TECH" in Korea, hereby verify that:
The company "DOD Co., Ltd.", Russia, Moscow is the appointed as an Exclusive Distributor for "ABC TECH" on the territory of Russia.
"ABC TECH" allows "DOD Co., Ltd." to distribute every model of ABC TECH.
Distribution Certificate is issued on the basis of "Exclusive Contract, No.150901"

3-2 Guarantee (하자 보증)

바이어가 물품의 문제(하자) 발생 시, 문제 해결에 관한 약정을 요구할 경우, 보증의 유효기간, 책임의 시점, 범위 등 구체적인 항목들에 관하여 업체의 규정과 바이어와의 합의 하에 약정서를 맺는다. 문제 발생 시점과 그에 대한 책임의 소재가 분명하게 명문화 되어야 한다.

- If any part of the product proves to be defective within 1 year of the
  date of shipment (or receipt),
  it will be repaired free of charge or replaced if necessary excepting the
  causes of user's mistakes.
- Causes of user's mistakes : For careless operating, using different
  voltage, an intentional damage
  & mechanical breakdown etc..

3-3 MOU(Memorandum Of Understanding, 양해각서)

기업 사이에 합의해 작성하는 양해각서는 주로 정식계약을 체결하기에 앞서, 쌍방의 의견을 미리 조율하고 확인하는 상징적 차원에서 이루어지는 것이며 일반적으로 내용에 구속력이 없고 또한 법률적 구속력도 없다.

공식 계약서는 법률적 구속력을 가지고 있으나 MOU는 업무와 사업 제휴에 관한 사전 업무 협약서로 간주하면 된다.

사업의 목적, 내용, 효력 등에 대하여 쌍방 간, 사전에 협약된 내용을 기재한다.

■ MOU

Memorandum of Understanding
양해각서

This Memorandum of Understanding (hereinafter referred to as "MOU") made and entered into date by and among company name, a corporation duly organized and existing under the laws of country and having its principal office at address, company name., a corporation duly organized and existing under the laws of country and having its principal office at address (hereinafter collectively referred to as "vendor" and respectively "company" and "company" in order) and company, a corporation duly organized and existing under the laws of country having its principal office at address (hereinafter referred to as "company")

▎ 본 양해 각서 (이하 "양해 각서" 라 한다)는 그 국가의 법에 따라 정식으로 조직 되어졌고 주소, 회사명, 회사의 본사를 두고 있는 회사(vendor)와 회사(distributor), 공식적으로 조직 된 국가의 법률에 따라 운영되는 회사 주소가 본사 인 회사 (이하 "회사"라고 한다)와 맺어진다는 내용

▎ [이하 총칭하여 "vendor, 공급 회사" 및 "회사(vendor)와 회사(distributor)"라고 함]

WITNESSETH :

WHEREAS, Vendor and company desire to conclude this MOU prior to the main distributorship agreement (hereinafter referred to as "Main Agreement") for the sale and distribution of product (hereinafter referred to as "product") between vendor and company ;

▎ 양해각서의 내용을 확인하거나 증명할 필요성이 있을 때 '제3자(Witnesseth,

Witnes) 항목'을 만들어서 내용을 기재한다.

▌ 공급회사(vendor)와 회사는 공급 회사와 회사(distributor) 간 제품 판매 (이하 "제품"이라 함)를 위한 주요 유통 계약 (이하 "주요 계약"이라 함) 이전에 이 양해 각서를 체결한다는 내용

NOW, THEREFORE, in consideration of the covenants and premises contained herein, the parties agree as follows :

▌ 양해각서 서명 당사자들은 본 계약서에 포함 된 약속과 약정에 아래와 같이 동의한다는 내용

Article 1   Appointment (합의 내용)

1.1   Vendor shall appoint company as its exclusive distributor in region and non-exclusive distributor in region.

▌ 공급자(vendor)는 회사(distributor)를 합의된 해당 지역의 독점 대리점 (exclusive distributor)으로 지명해야 한다는 내용

1.2   At date, Vendor may appoint company as its exclusive distributor in the areas mentioned above except country or region in view of company's sales activity during the period of year.

▌ vendor는 vendor의 현재 판매 국가와 지역을 제외하고서 회사를 '합의된

해당 지역과 공급 기간'에 대하여 독점 대리점으로 곧 지정한다는 내용
'독점권을 갖는 지역, 지정 상품, 지정 기간'에 대해서는 항상 명확하게 문서화한다.

Article 2　　　Minimum Purchase (MOQ에 대한 내용)

2.1　　Company shall place order with Vendor having an aggregate value of amount per period in the area of country or region. The order shall not be binding unless and until it is accepted by Vendor at its discretion.

❙ 회사(distributor)는 조정된 기간 동안 해당 국가 또는 지역에서 일정한 액수의 물품 공급 주문을 해야 하나 vendor에 의해 구속력은 갖지 않는다는 내용

- MOQ (Minimum Order Quantity, 최소주문수량)

2.2　　Within number days after receipt of Vendor's confirmation of order, company shall open an irrevocable at sight Letter of Credit in favor of Vendor, or Vendor's nominee issued by an international first class bank satisfactory to Vendor.

❙ vendor가 업체의 주문을 확인하고 확정(confirm) 시, 회사는 'irrevocable L/C at sight'의 지불 조건으로 진행하겠다는 내용

2.3　　Unless otherwise agreed between the parties, currency of payment shall be in United States Dollars.

▎ 양 당사자간에 다른 합의가 없는 한, 지불 통화는 US Dollar로 한다는 내용

Article 3   Effectiveness (효력)

This MOU shall be effective from the date in the preamble of this MOU, and unless extended by written agreement of the parties, shall be terminated upon the earlier to occur of one of the following events :
a) The execution of the Main Agreement.
b) Number months from the effective date of this MOU.

▎ 본 양해각서는 양해각서 전문의 날부터 효력을 발생하며 양 당사자의 서면 합의에 의한 경우를 제외하고는 아래와 같은 경우가 발생하기 이전에 종료된다는 내용
a) 주요 약정의 집행
b) 본 양해 각서의 발효 일로부터 몇 개월.

Article 4   Applicable Law (적용 법률)

This MOU shall be governed by and construed and interpreted in accordance with the laws of country.

▎ 본 양해 각서는 국가의 법률에 따라 적용되고 해석 되어져야 한다는 내용

Article 5   Arbitration (중재)

All disputes, controversies or differences which may arise between the parties out of or in relation to or in connection with this Agreement or for the breach thereof shall be finally settled by arbitration in city & country in accordance with the Commercial Arbitration Rules of the Russian Commercial Arbitration Board and under the law of country. The award rendered by the arbitrator shall be final and binding upon both parties concerned.

▌ 중재에 관한 항목으로써 계약과 관련하여 당사자간에 발생할 수 있는 모든 분쟁, 논쟁 또는 문제점은 러시아 상사 중재원 (Russian Commercial Arbitration Board)의 규정에 따른 중재에 의해 최종 해결 되며 중재위원회와 국가의 법률에 따라 중재인이 내린 판정은 최종적이며 관계 당사자를 구속한다는 내용

Article 6   Warranty & Repair and Maintenance
                 (보증 & 유지 보수)

Detailed terms and conditions not stipulated in this MOU including warranty and the repair & maintenance of products shall be agreed in the Main Agreement.

▌ 제품의 보증 및 유지 보수를 포함하여 본 양해 각서에 규정되지 않은 상세한 조건은 주요 계약에 합의 되어져야 한다.

공통 항목

"Signature, Title & Company Stamp"

Company   Company

By :   By :

Title :   Title :

04 국제 물류 (International Logistics)

| 국제 물류 (International Logistics) 란?

  글로벌 비즈니스를 수행하는데 있어서 수출자는 공장 또는 창고에서 출하된 제품이 국경을 넘어 최종적으로 수입자에게 운송되어 도착할 때까지 어느 정도의 시간이 걸릴지에 대한 답변을 못한다면 계약 당사자에게 지킬 수 없는 약속을 하게 될 것이다.

  글로벌 생산과 소비가 이루어지는 오늘 날은 지구 어디에서나 원하는 상대와 거래를 하며 판매와 구매를 할 수 있게 된 것이다. 이러므로 수출자는 국제 물류의 모든 과정을 이해할 필요가 있는 것이다.

  물류 는 원산지 및 사용 시점에 이르기까지 자재 및 최종 제품과 관련된 물리적 정보 흐름을 계획, 구현 및 제어하는 관리 프로세스이다. 국제 물류는 최소한 하나의 국경을 넘어서 다른 국가의 소비자에게 전달될 때까지 상품을 관리하고 운송을 하는 전 과정에 대한 자원을 관리하는 것을 의미한다.

  수출품이 최종 수입자에게 전달 될 때까지 수출 전 과정을 커버하며 관리해야 하는 책임이 국제 물류 업체에게 있다면, 수출 담당자는 중간 단계의 상황을 파악하며 수입자에게 통보하고 관리할 수 있도록 책임을 지고 있는 포워더와 긴

밀한 커뮤니케이션을 유지해야 하며 국제 물류 전반에 관한 지식을 갖추어야 한다.

4장에서는 제품 포장(Packing)과 배송, 각종 선적 서류에 관한 핵심 항목들에 대해 설명한다.

4-1 상품 포장(Packing) 및 배송(Delivery)

A 국제물류업체 (International Freight Forwarder) 선정

부피(Volume)가 작은 물품의 경우 EMS를 이용해도 무방하다. 항공운송(Air Freight)의 경우, 기본 배송견적이 45Kg (Weight charge의 경우) 이하인 경우 EMS가 상대적으로 저렴하다. 일반 국제물류업체의 경우 45Kg까지(항공 기준) 기본 견적 단위로 하기 때문이다.

상품에 맞는 재질의 포장재를 선택하여 국내와 해외의 여러 단계를 거치는 배송 기간 동안의 파손을 방지할 수 있도록 한다.

해상 운송(Ocean Freight)의 경우, LCL(Less than Container Load)과 FCL(Full Container Load)로 구분하며, LCL의 경우 국내 화물 운임은 무게와 팔레트 단위로 하여 산정되고, 해상운임은 일반적으로 CBM단위로 산정하는데, 보통 1 또는 2CBM을 기본 견적 단위로 한다.

B Shipping Mark

화물의 정확한 식별과 분류를 위해서 화물에 부착하는 표식이다. 포장 별로 Gross Weight (총무게), Net Weight (순무게, 순수 내용물의 무게), Seller & Buyer's Name, 원산지(Origin), 포장 번호(C/T No. 1/12, 12/12등과

같이 표기) 등을 Packing List와 일치하도록 확인하여 작업하고 부착한다.

C   Shipping Schedule 및 선적항 확인

사전에 바이어와 약속한 대로 Air 또는 Ocean Freight의 정확한 스케쥴을 확인하여 선적지로 물품을 배송한다.

Commercial Invoice(상업송장)와 Packing List(포장명세서) 및 기타 필요한 서류를 Forwarder와 관세사에게 전달한다.

4-2 선적 서류(Shipping Documents)

화물 출하와 동시에 수출자가 발행하고 선적 작업이 진행되는 동안에 수출자가 발급받아야 할 서류들이 있다.

상업송장(Commercial Invoice, Seller), 포장명세서(Packing List, Seller), Air Waybill(항공화물운송장, 항공사), B/L(선하증권, Bill of Lading, 선사), 원산지증명서(Certificate of Origin, 상공회의소), 수출신고필증(Export Declaration, 세관), 보험증서(Certificate/Insurance Policy)등과 물품에 따라서 수출 검사를 필요로 하는 경우 각종 검사증을 발급 받는다.

예를 들어 위험물인 유성 페인트의 경우, [위험물컨테이너수납검사증, Container Packing Certificate of Dangerous Goods, 한국해사위험물검사원 발행]을 발급 받는다.

A   Commercial Invoice (상업송장)

상업송장(Commercial Invoice)은 수출과 수입에 있어서 무역 거래를 증명하고 입증하며, 각종 세관 신고 시 필수 서류이며, 과세가격의 표준이 되는 공식

적인 증명자료이다. 무역에서 공식적인 계산서라고 할 수 있다. 공식 수출에 관한 모든 기록과 근거는 C/I Number를 기준으로 한다.

기재되는 항목은 이미 Proforma Invoice 에서 공부한 기본 항목들 이외에 몇 가지를 추가로 기재한다.

1) Shipper/Exporter
2) Consignee
3) Notify party
4) Port of Loading
5) Final Destination
6) Carrier
7) Delivery Terms
8) Invoice No. & Date
9) Mark & No. of C/T
10) Description of Goods
11) HS Code
12) Quantity
13) Unit Price/USD
14) Total Amount/USD
15) Signature
16) Remark

FTA 인증 번호를 기재할 경우나 기타 필요한 사항 기재 시, Remark 란에 기재한다.

"The exporter of the products (only PVC Tube) covered by this document (customs authorization No. 020-00-000000) clears that, except where otherwise clearly indicated, these products are of KOREA preferential origin"

| FTA (자유무역협정, Free Trade Agreement)

국가 간 무역 장벽을 없애거나 완화하기 위해서 국가 간 또는 특정지역(예, EU)간에 체결 되어지는 특혜무역협정. 관세와 수출입제도의 규제를 완화, 폐지 하여 궁극적으로 단일 관세 또는 무관세를 지향하는 방식이라고 할 것이다.

B   Packing List (포장명세서)

기본적으로 물품의 정확한 내용이 기재되며 인보이스에 들어가는 필수 정보 (Consignee와 Shipper의 정보, C/I Number 등)를 포함하여 포장의 자세한 정보를 기재한다.

포장 단위 별 순중량(Net Weight), 총중량(Gross Weight), C/T Number 를 기재하여 수출자가 수입자에게 발행하는 서류이다.

C   Certificate of Origin(C/O, 원산지 증명서)

원산지증명서(Certificate of Origin, C/O)는 해당 수출국가에서 제품이 생산 되었다는 것을 증명하는 공문서이다. 일반적으로 수출국가의 상공회의소 (Chamber of Commerce and Industry)에서 발급한다. 한국은 인터넷을 통하 여 수출자가 직접 신청하여 발급 받을 수 있다.

국가별, 제품별로 수입국가에서 요구하는 경우 반드시 발급 받아서 수입자에 게 원본 또는 사본을 전달한다.

■ Commercial Invoice (C/I)

COMMERCIAL INVOICE

1.SHIPPER / EXPORTER ABC TECH ADDRESS : TEL: +82-00000000				8. INVOICE NO. and DATE No. : ABC152321 Date : SEP. 15. 2015		
				9. REMARKS		
2.CONSIGNEE DOD COMPANY ADDRESS : TEL: +00000000000				"The exporter of the products (only pvc tube) covered by this document (customs authorization No. 020-00-0000) clears that, except where otherwise clearly indicated, these products are of KOREA preferential origin"		
3. NOTIFY PARTY SAME AS ABOVE.						
4. PORT OF LOADING BUSAN, KOREA	5. FINAL DESTINATION VLADIVOSTOK, RUSSIA					
6. CARRIER OCEAN HOPE 505	7.TERMS OF DELIVERY FOB BUSAN, KOREA					
10. MARK&NO. OF C/T	11.DESCRITION OF GOODS	12.HS CODE	13.Q'TY		14.UNIT PRICE/ USD	15.TOTAL AMOUNT/ USD
60 C/T ABC TECH MADE IN KOREA	1.PVC TUBE/MODEL520	3917.31.9000	30 ROLL		200.00	6,000.00
	2.PVC TUBE/MODEL530		20 ROLL		300.00	6,000.00
	3.PVC TUBE/MODEL540		10 ROLL		400.00	4,000.00
TOTAL						USD16,000.00

16.SIGHNED BY

John Kang/ Director
On behalf of ABC TECH

■ Packing List

PACKING LIST

1.SHIPPER / EXPORTER ABC TECH ADDRESS : TEL: +82-00000000			8. INVOICE NO. and DATE No. : ABC152321 Date : SEP. 15. 2015			
			9. REMARKS			
2.CONSIGNEE DOD COMPANY ADDRESS : TEL: +00000000000						
3. NOTIFY PARTY SAME AS ABOVE.						
4. PORT OF LOADING BUSAN, KOREA	5. FINAL DESTINATION VLADIVOSTOK, RUSSIA					
6. CARRIER OCEAN HOPE 505	7. TERMS OF DELIVERY FOB BUSAN, KOREA					
10. MARK&NO. OF C/T 12 C/T IN 5 PLT 20DV X 1 GH SYSTEM MADE IN KOREA	11.DESCRITION OF GOODS	12.HS CODE	13.C/N No..	14.Q'TY (ROLL)	15.N. Weight/Kg	16.G. Weight/Kg
	1.PVC TUBE/MODEL520		1-30	30	570.00	600.00
	2.PVC TUBE/MODEL530	3917.31.9000	31-50	20	580.00	600.00
	3.PVC TUBE/MODEL540		51-60	10	390.00	400.00
TOTAL	MEASUREMENT 12CBM				1,540.00KGS	1,600.00KGS

16.SIGHNED BY

John Kang/Director
On behalf of ABC TECH

- Certificate of Origin (C/O)

■ Export Declaration Certificate (수출신고필증, 영문)

바이어의 요구 시, 영문 수출신고필증(Export Declaration Certificate)을 발급 받아서 전달한다.

■ 수출신고필증

4-3 선하증권 (Bill of Lading, B/L)

해상 운송에서 선사가 탁송 하물에 대하여 발행하는 화물대표증권, 선사와 하주 간의 운송조건을 정한 운송계약서로써, 하물 수취증의 역할을 한다.

발행인은 운송인이고 B/L상에 기재된 화물을 지정된 목적지까지 운송하여 B/L의 정당한 소지인에게 화물 인수를 약속하는 유가증권을 말한다.

- 수출품을 운송하는 선박의 선장 또는 선주인 대리인 서명으로써 유효하다.
- 수출품의 포장명세서 (Packing List)를 기준으로 작성한다.
- 운송인과 하주 (화주를 의미, 화물의 주인)의 약속된 운송 조건을 표시한 증권이다.
- 신용장 (L/C) 거래의 경우, 선적 후 대금 결제를 위해 은행에 제출하는 필수 서류이다.

┃ 수입자는 B/L이 있어야만 화물을 찾을 수 있다.

- L/C 거래의 경우, 'Consignee, 수탁인, 화물인수자' 에 'TO ORDER' 기재 시, **Shipper** (수출자)가 B/L에 배서를 하면 B/L을 받은 은행으로 화물의 권리가 넘어간다. 그 다음 은행에서 배서를 하면 받는 사람에게 화물의 권리가 넘어간다.
- 'Freight Collect As Arranges' 항목에서,
    Prepaid : 선불(수출자가 부담)
    Collect : 후불(수입자가 부담)

A   B/L(Bill of Lading)의 종류

Master B/L

- 선사에서 직접 발행하는 B/L로써, FCL(Full Container Cargo Load, 20 또는 40ft. 컨테이너)로 운송할 경우에 사용되는 B/L이다. FCL 운송의 경우에는 Master B/L만 사용한다.
- Master B/L의 경우,
  Shipper는 운송업체(Forwarder), Consignee는 Forwarder 의 수입국 현지 Agent로 기재하지만 Shipper를 수출업체, Consignee를 수입업체로 기재하는 것도 무방하다.
- Master B/L은 선하증권으로써 수출대금결제를 위해 사용하는 증권이다.
- 선사가 모든 책임을 지고 핸들링 한다.
- 통관 진행 시 House B/L로 처리한다.

House B/L

- 일반적으로 쓰이는 B/L로써 운송업체(Forwarder)가 발행하며 모든 책임을 Forwarder가 지고 핸들링 한다.
- 운송업체(forwarder)는 선사로부터 20 또는 40ft. Container (FCL) 의 Master B/L을 받고, 일반적인 소량화물의 경우 LCL(Less than Container Load, LCL의 경우 CBM단위로 물류 비용 견적)로 진행하는데, 이 경우 Forwarder는 화주에게 House B/L을 발행한다.

Surrendered B/L

- B/L 원본의 효력을 포기(Surrender)한 것을 Surrendered B/L이라고 한다.
- OB/L (Original B/L)의 경우 B/L 원본 3장을 수입업체에 보내야 하는데

수출자와 수입자간의 신용을 바탕으로 한 거래일 경우 B/L 원본을 보내는 시간과 비용을 소비할 필요 없이 수입자가 화물을 찾을 수 있도록 Surrender 한 것이 SRD B/L 이라고 하는 것이다.

- B/L 상의 사본에 'SURRENDERED' 도장을 찍게 되며, 이 사본(Copy)으로 효력을 가진다.
- 수입국 업체의 요청 그리고 수출자가 수입자로부터 받을 물품 대금 지불 상황에 따른 안전장치로써 OB/L을 발행한다. 요청하는 일반적으로 무역 현장에서는 'House B/L의 Surrendered B/L'이 보편적이다..
- 중계 무역이나 삼국 무역의 경우, 상대방의 대금 결제가 지연되거나 불확실할 경우, Switch B/L 처리의 지연으로 화물이 CY(Container Yard, 컨테이너 장치장)에 묶여 있을 경우, 수출자가 OB/L을 고집할 수 있다. 이 경우 OB/L 발행이 확실한 안전장치가 될 수 있다. 수입자는 B/L이 있어야만 화물을 찾을 수 있기 때문이다.

B 항공화물운송장 (AWB, Air Waybill)

- 항공 운송에서는 'Air Waybill, 항공화물 운송장'을 항공회사(Air Lines) 또는 항공화물 대리점(Forwarder)이 발행하는데 선하증권(B/L)과 같은 유가증권이 아니고 화물에 대한 수취증으로 본다.
- 항공화물운송장(Airway Bill)은 항공화물운송 시, 항공회사(Air Lines) 또는 항공화물 대리점(Forwarder)이 발행)이 작성, 발급한다.
- 항공운송화물의 세부 사항을 기록한 '항공화물 운송계약서'이면서 '화물 수취증'의 역할을 한다.
- 해상운송에서의 선하증권(B/L)과 같은 기능을 가지고 있으나 B/L이 유가증권이라고 하면 AWB은 단순 화물운송장의 기능을 하는 것이 B/L과의 근본적

인 차이점이다.

- B/L은 뒷면에 배서(서명)하여 타인에게 운송 화물을 양도하여 소유권을 이전시킬 수 있는 유가증권(권리증권, B/L의 소유자가 운송화물의 소유권 획득)이라고 한다면 AWB은 항공사가 화물 수취 시 발행하는 단순한 화물운송장이라고 할 수 있다.

■ HOUSE B/L (SURRENDERED B/L)

Shipper GH TECH	**B/L No** PUSBUDB1800991
WONMI-GU, BUCHEON-SI, GYEONGGI-DO, KOREA. TEL: +82-32-328-0757 FAX:+82-32-328-8665 CONTACT PERSON : MR. SUNGWON KANG **	CONTAINER LINES LIMITED Far Eastern Bank Building, Singapore TEL: FAX:
Consignee or Order TO ORDER OF ADDRESS	**BILL OF LADING** RECEIVED by the Carrier the Goods as specified above in apparent good order and condition unless otherwise stated, to be transported to such place as agreed, authorised or permitted herein and subject to all the terms and conditions appearing on the front and reverse of this Bill of Lading to which the Merchant agrees by accepting this Bill of Lading, any local privileges and customs notwithstanding.
Notify Party SAME AS CONSIGNEE	The particulars given below as stated by the shipper and the weight, measure, quantity, condition, contents an value of the Goods are unknown to the Carrier.
Pre-carriage by	**Place of receipt by pre-carrier** BUSAN, KOREA	In WITNESS whereof one (1) original Bill of Lading has been signed if not otherwise stated below, the same being accomplished and other(s). If any, to be void. If required by the Carrier one (1) original Bill of Lading must be surrendered duly endorsed in exchange for the Goods or delievery order.
Ocean Vessel MSC LAUREN	**Voy. No.** FX807W	
Port of Loading BUSAN, KOREA	**Port of Discharge** BUDAPEST	**Final Destination (on-carriage)**
	Place of Delivery BUDAPEST	

Marks and Numbers	No. of pkgs or units	Kind of packages; description of goods (said to contain)	Gross Weight	Measurement
	2 PLT	SAID TO CONTAIN	2.205.000 KGS	3.660 CBM
45 C/T IN TWO(2) PALLET GH TECH MADE IN KOREA		1.HEATING ELEMENT , 2.HEATING ELEMENT , **E-MAIL :		

CONTR NO/SEAL/SIZE/TYPE
MSCU8577865/FJ01526744/40HC
2 PLT/2,205.000KGS/3.660CBM

CFS/CFS
FREIGHT COLLECT
SHIPPED ON BOARD 19/02/2018

ORIGINAL B/L SURRENDERED IN SEOUL, KOREA

Total number of packages or units (in words)	SAY : TWO PLT ONLY				
Freight and charges	**Revenue tons**	**Rate**	**Per**	**Prepaid**	**Collect**
	BUDAPEST				
BUDAPEST,LORANTFFY ZSUZSANNA UTCA					
TEL: FAX:					

Exchange Rate	Prepaid at	Payable at DESTINATION	Place and date of issue SEOUL, KOREA	19/02/2018
	Total prepaid in local currency	No. of Original B(s)/L (0) ZERO	Signed on behalf of the Carrier	
"NVD" (NO VALUE DECLARED)			KOREA CO. LTD AS AGENT	

Excess Value Declaration: Refer to Clause 6(3)(B) + (C) on reverse side

■ ORIGINAL B/L (OB/L)

Shipper: GH TECH		B/L No. PUSBUDI1703225
Consignee: TO ORDER OF ADDRESS: TEL: CONTACT PERSON E-MAIL: Notify Party:		LINES LIMITED Singapore Tel: Fax: **BILL OF LADING** RECEIVED by the Carrier the Goods as specified above in apparent good order and condition unless otherwise stated, to be transported to such place as agreed, authorised or permitted herein and subject to all the terms and conditions appearing on the front and reverse of this Bill of Lading to which the Merchant agrees by accepting this Bill of Lading, any local privileges and customs notwithstanding.
Pre-carriage by	Place of receipt by pre-carrier BUSAN, KOREA	The particulars given below as stated by the shipper and the weight, measure, quantity, condition, contents and value of the Goods are unknown to the Carrier.
Ocean vessel MAERSK ENFIELD	Voy. No. 739W	In WITNESS whereof one(1) original Bill of Lading has been signed if not otherwise stated below, the same being accomplished the other(s), if any, to be void. If required by the Carrier one (1) original Bill of Lading must be surrendered duly endorsed in exchange for the Goods or delivery order.
Port of Loading BUSAN, KOREA	Port of discharge BUDAPEST	Final destination (on-carriage)

Place of Delivery BUDAPEST

Marks and Numbers	No. of pkgs or units	Kind of packages/description of goods(said to contain)	Gross weight	Measurement
	3 PLT	SAID TO CONTAIN	3,307.000 KGS	5.890 CBM
85 C/T IN THREE(3) PALLET GH TECH MADE IN KOREA		- AS PER ATTACHED -		
CONTR NO/SEAL NO/SIZE/TYPE CRSU9162204/FJ00970578/40HC 3 PLT/3,307.000KGS/5.890CBM		CFS/CFS FREIGHT COLLECT SHIPPED ON BOARD 30/09/2017 (of which on deck at shipper's risk the carrier not being responsible for loss or damage however arising.)		
	SAY:THREE (3) PLT ONLY			

Total number of packages or units(in words)

Freight and charges KFT - BUDAPEST BUDAPEST,LORANTFFY ZSUZSANNA UTCA TEL:	Revenue tons	Rate	per	Prepaid	Collect

Exchange rate	Prepaid at	Payable DESTINATION	Place and date SEOUL, KOREA 30/09/2017
	Total prepaid in local currency "NVD" (NO VALUE DECLARED)	No. of original (3) THREE	Signed on behalf of the Carrier LINES LIMITED KOREA CO. LTD AS AGENT

Excess Value Declaration: Refer to Clause 6(3)(B) - (C) on reverse side

■ Air Waybill

보험증서(Insurance Policy)

Certificate/Insurance Policy

ORIGINAL

Certificate No.	Y769786E - 000	Policy No.	YM00006039 - 000
Assured Name	GH TECH		
Invoice No., etc.	B/L No. JFCKR16440	I/V No. GH-14011022	
Amount Insured	CARGO USD 20,064.00(USD 18,240.00 * 110.00 %)		
Conveyance	HANJIN EUROPE 0009W	Sailing on or about	Jan 21, 2014
At and From	KOREA	Transhipped at	
Arrived At	GERMANY	Thence to	

Goods and Merchandise:
Heating Element
ETC.

Marks and Number as per Invoice No. specified as above — Valued at the same as Amount Insured

Conditions:
Institute Cargo Clauses (A) - 1/1/82
WAIVER OF SUBROGATION AGAINST JAMES FORWARDING CORP.
Covering the risks of Breakage.

Subject to the following Clauses:
- Institute Cargo Clauses (as specified above)
- Institute Classification Clause
- On-deck Clause
- Label Clause (applying to labelled goods)
- Co-Insurance Clause (if applicable)
- U.S Economic and Trade Sanctions Clause
- Special Replacement Clause For secondhand Machinery
- Special Replacement Clause (applying to Machinery)
- Duty Clause(applicable only to import duty insured)
- Other Insurance Clause
- Transit Termination Clause (30 days) (applicable only for cargo imported to Korea)
- Institute Extended Radioactive Contamination Exclusion Clause
- Institute Chemical, Biological, Bio-Chemical, Electromagnetic Weapons and Cyber Attack Exclusion Clause
- Termination of Transit Clause (Terrorism)

Settling Agent:	AIG Europe Limited	Claims Representative:	AIG Europe Limited
Werfthaus Speicherstrabe 55		Werfthaus Speicherstrabe 55	

Place and date signed in: SEOUL, KOREA Jan 13, 2014	No. of Certificates Issued: 2	Typist: WNDUD1020

IMPORTANT
PROCEDURE IN THE EVENT OF LOSS OR DAMAGE FOR WHICH UNDERWRITERS MAY BE LIABLE

LIABILITY OF CARRIERS, BAILEES OR OTHER THIRD PARTIES

It is the duty of the Assured and their Agents in all cases, to take such measures as may be reasonable for the purpose of averting or minimising a loss and to ensure that all rights against Carriers, Bailees or other third parties are properly preserved and exercised. In particular, the Assured or their Agents are required:
1. To claim immediately on the Carriers, Port Authorities or other Bailees for any missing packages.
2. In no circumstances, except under written protest, to give clean receipts where goods are in doubtful condition.
3. When delivery is made by Container, to ensure that the Container and its seals are examined immediately by their responsible official. If the Container is delivered damaged or with seals broken or missing or with seals other than as stated in the shipping documents, to clause the delivery receipt accordingly and retain all defective or irregular seals for subsequent identification.
4. To apply immediately for survey by Carriers' or other Bailees' Representatives if any loss or damage be apparent and claim on the Carriers or other Bailees for any actual loss or damage found at such survey.
5. To give notice in writing to the Carriers or other Bailees within 3 days of delivery if the loss or damage was not apparent at the time of taking delivery.

NOTE : The Consignees or their Agents are recommended to make themselves familiar with the Regulation of the Port Authorities at the port of discharge.

INSTRUCTIONS FOR SURVEY

In the event of loss or damage which may involve a claim under this insurance, immediate notice of such loss or damage should be given to and a Survey Report obtained from this Company's Office or Agents specified in this Policy or Certificate.

DOCUMENTATION OF CLAIMS

To enable claims to be dealt with promptly, the Assured or their Agents are advised to submit all available supporting documents without delay, including when applicable:
1. Original policy or certificate of insurance.
2. Original or certified copy of shipping invoices, together with shipping specification and/or weight notes.
3. Original or certified copy of Bill of Lading and/or other contract of carriage.
4. Survey report or other documentary evidence to show the extent of the loss or damage.
5. Landing account and weight notes at port of discharge and final destination.
6. Correspondence exchanged with the Carriers and other Parties regarding their liability for the loss or damage.

We, the AIG Korea Inc. hereby agree, in consideration of the payment to us by or on the behalf of the Assured of the premium as arranged, to insure against loss damage liability or provided.

Korea Inc.

ENCRYPTION No. PD8/MmQ/bwBTCj9oV2o/
For Policy Verification   For a listing of Claim Offices

4-3 위험물(Dangerous Goods) 수출

A 위험물의 정의

국제 물류에서는 공공의 안전과 재산을 보호하기 위하여 UN에서 9가지의 등급으로 표준화하여 특정 물질과 그 물질을 포함한 제품을 규정하였는데 이 등급 안에 들어가는 물질과 그 물질을 포함한 제품을 위험물(Dangerous Goods)이라고 한다. 항공과 해상 수송 시, 수출자와 물류업체, 항공사와 선사는 DGR (Dangerous Goods Regulation)의 일정한 규정을 따르게 되어있다.

각 Class 와 Division에 따라서 4자리의 고유 번호가 있다.

1) Class 1 : 화약류 (Explosives)
     화약, 탄약, 불꽃놀이 재료 등
2) Class 2 : 가스류 (Gases)
     부탄, 프로판, 아세탈렌, 에어로졸 등
3) Class 3 : 인화성 액체 (Flammable Liquids)
     알코올, 페인트, 가솔린 등
4) Class 4 : 가연성 고체/자연 발화성 물질/물 반응성 물질
     (Flammable Solids/Substances Liable to Spontanious Combustion/Substances Which in contact with Water)
     마그네슘, 나트륨 등
5) Class 5 : 산화성 물질/유기 과산화물
     (Oxdizing Substances /Organic Peroxide)
     암모니아, 염산, 황산 등
6) Class 6: 독성 및 전염성 물질 (Toxic & Infectious Substances)

농약, 비소, 탄저균, 바이러스 등

7) Class 7 : 방사능 물질(Radioactive Materials): IAEX 규정을 따름

우라늄, 라돈 등

8) Class 8 : 부식성 물질(Corrosive)

수은, 수산화물

9) Class 9 : 기타 유해성 물질(Miscellaneous dangerous goods)

드라이 아이스, 자석

B Packing Group

동일한 Class 내에도 제품의 위험도에 따라서 Packing Group I, II, III로 나눈다.

1) Packing Group I : High 위험성이 있는 물질
2) Packing Group II : Medium 위험성이 있는 물질
3) Packing Group III : Small 위험성이 있는 물질

C MSDS (Material Safety Data Sheet, 물질안전보건자료)

수출자가 작성한다.

MSDS에 포함되는 정보는 다음과 같다.(출처:안전보건공단 자료)

1) 화학제품과 회사에 관한 정보(Identification) : 제품명, 제품의 권고용도와 사용상의 제한 등.

2) 유해, 위험성 정보(Hazard Identification) : 유해, 위험성 분류, 예방조치 문구를 포함한 경고표지 항목 등.

3) 구성 성분의 명칭 및 함유량 : 화학물질명, 관용명 및 이명, CAS 번호 또는 식별번호, 함유량

4) 응급조치요령 : 눈에 들어갔을 때, 피부에 접촉했을 때, 흡입했을 때 등.

5) 폭발, 화재 시 대처 방법 : 적절한 소화재, 화재 진압 시 착용할 보호구 및 예방조치 등.

6) 누출 사고 시 대처 방법 : 인체 보호를 위한 조치사항 및 보호구, 정화 또는 제거방법 등.

7) 취급 및 저장 방법 : 안전취급요령, 안전한 저장방법

8) 노출 방지 및 개인 보호구 : 노출 기준, 적절한 공학적 관리, 개인 보호구 등.

9) 물리화학적 특성 : 외관, 냄새, 인화점, 인화 또는 폭발한계 상.하한, 자연 발화 온도 등.

10) 안정성 및 반응성 : 화학적 안정성, 유해반응의 가능성, 피해야 할 조건 등.

11) 독성에 관한 정보 : 가능성이 높은 노출경로에 대한 정보, 단기 및 장기 노출에 의한 영향 등.

12) 환경에 미치는 영향 : 수생, 육생 생태 독성, 잔류성과 분해성, 생물 농축성 등.

13) 폐기시 주의사항 : 폐기 방법, 폐기 시 주의 사항

14) 운송에 필요한 정보 : 유엔 번호(UN No.), 유엔 적정 운송명 (Proper Shipping Name), 운송 시의 위험 등급(Packing Group) 등.

15) 법적 규제 현황 : 산업안전보건법에 의한 규제, 유해화학물질관리법에 의한 규제 등.

16) 기타 참고사항 : 자료의 출처, 최초 작성 일자, 개정 횟수 및 최종 개정 일자 등.

일반 화학제품(Chemical Goods)의 경우에도 일반화물로 진행 시, MSDS를

요구하기도 한다. 대부분 화장품의 경우에도 MSDS를 요구한다.

■   위험물 수출 시 준비할 자료

1) MSDS(Material Safety Data Sheet, 물질안전보건자료)
    수출자가 준비
2) 화주신고서 (Shipper's Declaration for Dangerous Goods)
    수출자 또는 위탁 받은 포장업체가 준비
3) 항공사 Check List
    (Acceptance check list for dangerous goods)
    항공사 주관
4) 위험물포장용기검사신청서(Inspection Certificate)
    수출자 또는 위탁 받은 포장업체가 준비

■ 위험물컨테이너(자동차) 수납검사증

증서번호
Certificate No. IC02-2015-06678

위험물컨테이너(자동차)수납검사증
Container (Vehicle) Packing Certificate of Dangerous Goods
(앞쪽)

접수번호	IC02-2015-06851	접수일자	2015-07-21	발급일	2015-07-27	처리기간	3일

송하인 Shipper	성명 또는 명칭 및 주소 Shipper's Name & Address				1
수화인 Consignee	성명 또는 명칭 및 주소 Consignee's Name & Address TO ORDER OF				2
컨테이너 (자동차) Container (Vehicle)	컨테이너번호 (자동차번호) Container(Vehicle) No. CKLU 2048118	3	총중량 Total Weight of Container(Vehicle) 2,495.00 kg		4
	크기 및 종류 Size & Type of Container(Vehicle) 20' CLOSED DRY CONTAINER	5	혼적화물의 품명 및 수량 Description & Q'ty other than Dangerous Goods (Gross Wt.) NON-DG, 2 PKG(S), 17.00 kg GROSS		6
선박 Ship	선박소유자의 성명 또는 명칭 및 주소 Shipowner's Name & Address	7	선박명 및 항차 Ship's Name and Voyage No. SKY HOPE 1514S		8
	적재항 및 출항예정일 Port of Loading & Sailing on/about INCHEON, KOREA, REPUBLIC OF 2015 Year 08 Month 01 Day	9	양하항 및 도착예정일 Port of Discharge & Arrival on/about HONG KONG, HONG KONG 2015 Year 08 Month 05 Day		10
위험물 Dangerous Goods	화물표시 Marks & Nos.	11	포장의 수 및 종류와 위험물의 명세 Number and Kind of Packages and Description of Dangerous Goods UN 1263, PAINT, Class 3, PG II, (18℃c.c.), F-E, S-E 24 P'kg(s), 14 STEEL JERRICANS, 10 STEEL DRUM (3A1, 1A2)	12	총중량 / 순중량 / 용적 13 Gross Wt / Net Wt / m³ 293.00 kg 274.00 kg
	비고 Additional Information				14
	긴급 상황 발생 시 연락처 Emergency Communication 82-32-328-0757				15
검사받을	장소	인천시 계양구 상아동 55-11번지		일시	2015년07월27일 :
	성명 또는 명칭	ImDG수출포장사업본부 서 기태 계장 (02-2666-9911 / 010-4765-2590)			
신청인	주소	서울 강서구 공항동 1351-2 ImDG주식회사			
	사업자등록번호	109-81-91447		대표자	박안
	신청담당자	오정수 (010-9016-3595)		전화번호	02-2666-9911

위 위험물을 운송하고자 「위험물 선박운송 및 저장규칙」 제205조제3항(제27조제6항)에 따라 검사를 신청합니다.
한국해사위험물검사원장 귀하   2015 년 07 월 21 일

구비서류	1. 포장명세서 1부 2. 화물송장 1부		수수료

「위험물 선박운송 및 저장규칙」 제205조제1항(제27조제6항)에 따른 검사에 합격하였음을 증명합니다.
We hereby certify that the above Dangerous Goods in the said container(vehicle) have passed our inspection under the provision of the Paragraph 1, Article 205(Paragraph 6, Article 27) of the Regulation for the Carriage and Storage of Dangerous Goods by Ships, Republic of Korea.   2015 Year 07 Month 27 Day

재단법인 한국해사위험물검사원장
KOREA MARITIME DANGEROUS GOODS INSPECTION & RESEARCH

Authorized Inspector,
CHANG-HO JANG

4-4 물류 & 무역 용어 약자

약 자	약 자 풀 이
CASS	Cargo Accounts Settlement System (항공운임 정산제도)
C/B	Charter Base
CBM	Cubic Meter (입방미터)
CBR	Commodity Box Rate (품목별 컨테이너 운임)
CCF	Charge Collect Fee (착지불운임부담비용)
CCCN	Customs Cooperation Council Nomenclature (관세협력이사회 품목 분류집)
CFR	Cost & Freight (운임포함가격 : C & F)
CFS	Container Freight Station (컨테이너 화물집합소)
CHC	Container Handling Charge (컨테이너 취급수수료)
CIF	Cost, Insurance & Freight (운임 및 보험료 포함조건)
CIM	Convention International Concernant le Transport des Marchandises par Chemins de Fer (국제철도물품운송조약)
CLP	Container Load Plan (컨테이너 내 적부도)
CMI	Committee Maritime International (만국 해법회)
CMR	Convention on the Contract for the International Carriage of Goods by Road (국제도로물품운송계약에 관한 협약)
COA	Contract of Carriage of Goods by sea (해상운송계약)
COGSA	Carriage of Goods by Sea Act 1936 (1936 미국 해상물품 운송법)
COD	Cash on Delivery (현금상환불 조건)
COFC	Container on Flat Car
C/P	Charter Party (용선계약서)

COD	Customary Quick Despatch (관습적 조속하역)
CT	Container Terminal (컨테이너 터미널)
CTO	Combined Transport Operator (복합운송인)
CY	Container Yard (컨테이너 장치장)
D/A	Document Against Acceptance (인수도조건)
DAF	Delivered at Frontier (국경인도가격)
DDC	Destination Delivery Charge (목적지인도비용)
DDP	Delivered Duty Paid (관세지급반입인도가격)
DDU	Delivered Duty Unpaid (관세미지급반입인도가격)
DEQ	Delivered Ex Quay (부두인도가격)
DES	Delivered Ex Ship (착선인도가격)
D/O	Delivery Order (화물인도지시서)
D/P	Document Against Payment (지급도조건)
D/R	Dock Receipt (부두수취증)
DST	Double Stack Train (이단적열차)
DWT	Dead Weight Tonnage (중량톤수)
EATA	Europe Asia Trades Agreement (유럽/아시아항로협정)
EBS	Emergency Bunker Surcharge (긴급유류할증료)
EDI	Electronic Data Interchange (전자문서교환)
E/D	Expiry Date (유효기일)
EDO	Equipment Despatch Order (기기인도지시서)
EFTA	European Free Trade Association (유럽자유무역연합)
E/L	Export License (수출승인)
EIR	Equipment Interchange Receipt (기기사용인수증)
E/P	Export Permit (수출면허, 수출면장, 수출신고필증)
ER	Equipment Receipt (기기수도증)
ESCAP	UN Economic and Social Comission of Asia and Pacific

	(유엔 아시아 태평양 경제사회이사회)
ETA	Estimated Time of Arrival (입항예정일, 예상도착일)
ETD	Estimated Time of Departure (출항예정일, 예상출항일)
EXW	Ex Works (공장인도조건)
FAK	Freight All Kinds Rate (품목별 무차별 운임)
FAS	Free Alongside Ship (선측인도조건)
FASC	Federation of ASEAN Shipper's Councils (아세안 하주협의회 연합)
FCL	Full Container Load
FCR	Forwarder's Cargo/Certificate of Receipt (포워더 화물인수증)
FDWS	Fixed Days of the Week Service (정요일 서비스)
FEFC	Far Eastern Freight Conference (구주운임동맹)
FEU	Forty-foot Equivalent Unit (40' 컨테이너 단위)
FIATA	Federation Internationale des Association de Transitaires et Assimiles (국제복합운송협회 연맹) International Federation of Freight Forwarders Associations
FI	Free In (적하비용 하주부담조건)
FIO	Free In & Out (적·양하비용 하주부담조건)
FMC	Federal Maritime Commission (미국 연방해사위원회)
FO	Free Out (양하비용 하주부담조건)
F/O	Firm Offer (확정오퍼, 매도확약서)
FPA	Free from Particular Average (단독해손부담보조건, 분손부담보조건)
GA	General Average (공동해손)
GATT	General Agreement on Tariff and Trade (관세 및 무역에 관한 일반협정)
GRI	General Rate Increase (기본운임인상)

GT	Gross Tonnage (총 톤수)
GSA	General Sales Agent (항공사 총판매대리점)
H/B	Hire Base (운항선비)
HP	Horse Power (마력)
HS	Harmonized System (The Harmonized Commodity Description and Coding System, 국제통일상품명 및 코드시스템)
IA	Independent Action (독자 행사권)
IADA	Intra-Asia Discussion Agreement (아시아역내 협의협정)
IAPH	International Association of Port & Harbors (국제항만협의회)
IATA	International Air Transport Association (국제항공운송협회)
IBRD	International Bank for Reconstruction and Development (국제부흥개발은행)
ICAO	International Civil Aviation Organization (국제민간항공기구)
ICB	International Container Bureau (국제컨테이너협회)
ICC	International Cargo Clause (협회적하약관)
ID	Import Declaration (수입신고, 수입신고서)
I/L	Import License (수입승인, 수입승인서)
IMCO	Inter-Governmental Maritime Consultative Organization (정부간 해사협의기구)
IMF	International Monetary Fund (국제통화기금)
IMO	International Maritime Organization (국제해사기구)
INCOTERMS	International Rules for the Interpretation of Trade Terms, International Commercial Terms (무역조건의 해석에 관한 국제규칙)
IP	Insurance Policy (보험증권)
I/P	Import Permit (수입면허, 수입면장, 수입신고필증)

IPI	Interior Point Intermodal (내륙지점복합운송)
ISO	International Organization for Standardization (국제표준화기구)
KIFFA	Korea International Freight Forwarders Association (한국국제복합운송업협회)
KIPI	Korea Interior Point Intermodal (한국내륙지점복합운송)
K/T	Kilo Ton (1,000kg = 2,204 pound)
LASH	Lighter Aboard Ship (래시선, 화물을 적재한 라이터 [lighter : 거룻배]를 그대로 선창에 싣고 운반하는 선박)
L/C	Letter of Credit (신용장)
LCL	Less than Container Load (소량컨테이너화물)
L/G	Letter of Guarantee (화물선취보증서)
L/I	Letter of Indemnity (손상화물 보상장)
LOA	Length Overall (전장 ; 全長)
LO/LO	Lift On/Lift off
L/T	Long Ton = English Ton (2,240 pound = 1,016kg)
MAWB	Master Air Waybill
M/F	Manifest (적하 목록, 선박 또는 항공기가 적재하고 있는 화물의 목록)
MLB	Mini Land Bridge (북미대륙횡단서비스)
M/R	Mate's Receipt (본선수취증)
M/T	Metric Ton (2.204 pound = 1,016kg)
M/T	Measurement Ton (용적톤)
MTD	Multimodal Transport Document (복합운송서류)
NAFTA	North America Free Trade Agreement (북미자유무역협정)
NB	Neutral Body (중립감시기구)
NT	Net Tonnage (순톤수)

NTB	Non-Tariff Barrier (비관세장벽)
NVOCC	Non-Vessel Operation Common Carrier (무선박운송인)
OCP	Overland Common Point (미내륙 공통운송지점)
ODCY	Off-Dock Container Yard (항외 컨테이너 야적장)
OECD	Organization of Petroleum Exporting Countries (석유수출기구)
PA	Particular Average (단독해손)
PDM	Physical Distribution Management (물류관리)
PECT	Pusan East Container Terminal (동부산컨테이너터미널)
P/I	Proforma Invoice
P/L	Packing List (포장명세서)
PNW	Pacific North West (태평양북서안)
PSW	Pacific South West (태평양남북서안)
QC	Quality Control (품질관리)
RO/RO	Roll-On/Roll-Off
RT	Rye Terms (곡물양륙품질조건)
R/T	Revenue Ton = Freight Ton (운임톤)
RTK	Revenue Ton-Kilometer (항공사 수송실적단위)
S/C	Service Contract (우대운송계약)
SD	Shipping Date (선적일)
SDR	Special Drawing Rights (특별인출권)
S/F	Stowage Factor (적화계수)
SHEX	Sundays and Holidays Expected
SHID	Sundays and Holidays Included
SLB	Siberian Land Bridge (TSR, 시베리아횡단철도)
SLC	Shipper's Load & Count
S/N	Shipping Notice (선적통지서)

S/O	Shipping Order (선적지시서)
S/R	Shipping Request (선적요청서)
S/T	Short Ton = American Ton (2,000 pound = 907kg)
T/B	Tariff Barrier (관세장벽)
T/C	Time Charter (정기용선)
TDC	Total Distribution Cost Concept
TEU	Twenty-foot Equivalent Units (20' 컨테이너 단위)
THC	Terminal Handling Charge (터미널 처리비용)
T/L	Total Loss (전손)
TOFC	Trailer On Flat Car
TPND	Theft, Pilferage & Non-Delivery (도난, 발하 및 불착손)
T/R	Trust Receipt (수입화물대도)
T/S	Transshipment (환적)
TSA	Transpacific Stabilization Agreement (태평양항로 안정화 협정)
TSCS	Trans-Siberian Container Service (시베리아횡단 컨테이너서비스)
TSR	Trans-Siberian Railway (SLB : 시베리아 횡단철도)
T/T	Telegraphic Transfer (전신환 송금)
T/T	Transit Time (항해일수)
TWRA	Transpacific Westbound Rate Agreement (아시아/북미수입운임협정)
UCP	Uniform Customs and Practice for Documentary Credits (화환신용장에 관한 통일규칙 및 판례 = 신용장통일규칙)
ULD	Unit Load Device (규격화된 화물을 싣는 용기)
UNCTAD	United Nations Conference on Trade & Development (유엔무역개발회의)
WA	With Average (분손담보)
W/F	Wharfage Charges (부두사용료)

WT	Weight Ton (중량톤)
WTSA	Westbound Transpacific Stabilization Agreement (북미수입항로 안정화 협정)
WTO	World Trade Organization (세계무역기구)
WWD	Weather Working Days (청전 하역일)
YAR	York-Antwerp rules (공동해손에 관한 국제통일규칙)

CHAPTER 3

실전 온라인 해외마케팅

01 글로벌 온라인 키워드 마케팅
Global Online Keyword Marketing

1-1 키워드 마케팅 (Keyword marketing) 의 정의

온라인 포털, 플랫폼, 특정 웹 싸이트 내에서 키워드와 문구를 사용하여 검색하는 사람들(Web surfer)에게, 메시지를 적시에 목표로 삼은 사람들에게 전달하며 마케팅을 수행하는 것을 의미한다고 정의 내릴 수 있다.

사용자에 따라서 다른 정의를 내릴 수도 있다. 광고 구매자의 경우에는 배너와 같은 특정 문구와 문장의 광고 단위를 구매하는 것을 의미한다. 검색 엔진 최적화 전문가에게 키워드 마케팅이라는 것은 검색 목록에서 최상위 위치를 얻는 것을 의미한다.

▮ 유효 키워드 설정의 중요성

글로벌 온라인 마케팅에서 키워드 설정의 중요성은 첫 째, 전 세계 수 많은 경쟁 기업과 상품이 다양한 온라인 포탈과 플랫폼을 통해 소개되고 있기 때문이다. 다량의 정보가 올려져 있는 온라인에서 Seller가 적시에 상위 노출을 가능하게 하기 위해서 가장 먼저 해야 할 과제가 최상의 키워드 설정이다.

예를 들어 자신이 정수기 필터(Water purifier filter)를 수입하기 위한 목적으로 해외 제조업체를 찾는다고 가정해 보고 Google과 Alibaba 플랫폼을 이용하여 검색을 해보자.

■ Google 검색창에 정수기 필터(Water purifier filter)를 입력 했을 경우 877,000개의 각종 정보 항목이 검색된다.

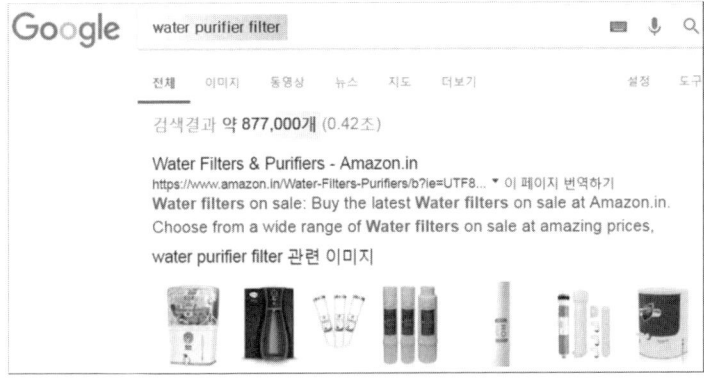

■ 글로벌 B2B 플랫폼인 Alibaba에 동일한 키워드(water purifier filter)로 검색 할 경우 52,007개의 products 항목이 검색된다.

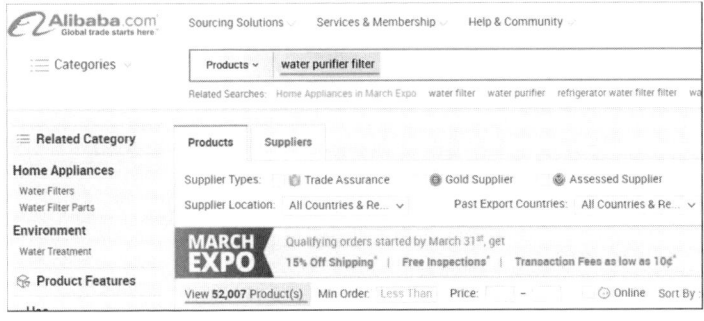

■ 동일한 검색어로 'products' 대신 'supplier'로 검색을 하면 1,408개의 공급업체(suppliers) 항목이 검색된다.

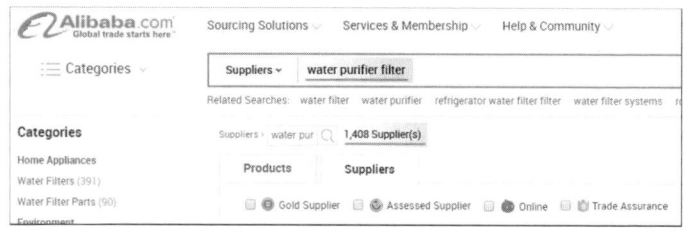

■ 이번에는 korea로 한정해서 검색을 하면 639개의 products 목록이 검색된다.

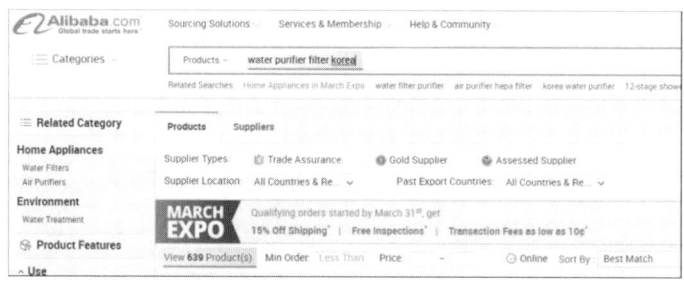

사용자가 입력하는 키워드에 따라서 노출되는 정보의 양은 달라지는 것이다.

고객을 유도하는 최상의 유효 키워드 설정

 더하여서 특정 모델 명이나 브랜드로 한정하여 검색할 경우 노출되는 항목의 수를 더 줄일 수 있을 것이며 검색하는 사람은 필요로 하는 정보를 얻기 위한 시간과 에너지를 더 많이 줄이면서 효율적으로 사용할 수 있을 것이다. 위 Google에서 검색된 877,000개의 정보를 모두 파악하기란 불가능한 일이다. 적절한 유효 키워드 설정은 기업이 만나기를 원하는 수요자들을 위해 좀 더 쉽고 빠른 접촉을 가능하게 하는 수단이고 마케터가 수행해야 할 기본 과제이다.

카테고리 상위 노출을 가능케 하는 키워드 설정

온라인 마케팅에 있어서 적절한 키워드 설정의 결과가 가져오는 카테고리와 검색 페이지 상위 노출은 판매자가 수요자에게 적시에 그리고 효율적으로 원하는 정보를 얻을 수 있는 것을 가능하게 해준다.

1-2 글로벌 B2B/B2C 마케팅 키워드 설정

글로벌 온라인 마케팅에서는 국내 마케팅과는 다른 차원에서 접근해야 할 몇 가지 중요한 포인트가 있다. 특별히 B2B 마케팅에서는 B2C의 일반 소비자 대상의 마케팅과는 다른 현지 유통상인(바이어, 딜러)에게 다가가는 영업 기법(Sales skills)이 있다. 모든 사항은 기본적으로 영어 사용을 전제로 하여 설명한다.

기업 홈페이지, B2B 또는 B2C 플랫폼, 블로그, 쏘셜 미디어(Social media) 플랫폼 등을 통해 상품 홍보와 판매 목적으로 등록할 때에 아래 몇 가지 사항에 대하여 수요자가 무엇을 요구하고 있는가에 대한 면밀한 사전 조사가 필요하다.

적절한 비지니스 용어 선택

글로벌 비지니스 세계는 하루가 다르게 변하고 있다. 새로운 기술이 적용된 신제품이 세계 곳곳에서 계속하여 출시되고 있으며 그에 맞춘 새로운 제품 용어가 탄생하고 있다. 여기에 포인트가 있는 것이다.

예를 들어서 스마트폰(smartphone)의 경우 1999년 일본의 NTT DoCoMo에서 보급형 첫 번째 스마트폰을 출시한 이후 전 세계에 기기가 보급되고 대중적인 용어로 불리우기 시작한 역사가 있다. 그 이전에는 스마트폰이라는 용어가 대중화되지 않았던 것이다. 다시 말하면 1980년대 이전에는 스마트폰 단어가 존재하지 않았던 것이다.

핸드폰의 일반적인 용어는 cellphone, cellular phone, mobile, mobile phone 이
다. 한 기업이 계속해서 온라인 상에 이 용어만 사용한다면 스마트폰에 기반하여 비즈니스를 하는 다른 많은 실제 수요자는 이 기업이 온라인 상에 올려놓은 제품 정보에 접근할 수 없을 것이다.

수출을 목적으로 한 해외마케팅은 브랜드 개념의 한국어 발음이나 한국식 용어 사용은 별개로 하고, 콩글리쉬 같은 한국식의 변형된 영어 표현 사용은 부적절하기에 신중한 용어 선택을 해야만 하는 것이다. 따라서 글로벌 영문 키워드 설정 시 '글로벌 비즈니스 업계에서 현재 시점에 통용되는 적절한 문구 선택'은 가장 먼저 고려 되어져야 할 사항이다.

상품의 일반적인 특성과 차별화 된 특성

상품을 소개할 때에 기본적으로 기재해야 할 항목 중에는 Specification(사양, 설명서)과 Features(특징, 특성)가 있다. 기본적인 사양에 대한 상세한 기재와 설명, 경쟁 제품과의 차별성, 디자인과 내구성 등 경쟁력 우위 항목 기재, 원산지 등 바이어가 요구하는 수준의 기술과 경쟁력을 확보한 상세 내용을 기재한다. 기술의 세계에는 Global Standard가 있다. 이러한 기준에 따른 사양과 특징에 대한 콘텐츠를 담아야 한다.

고객과 업계의 트렌드 분석

고객과 업계의 트렌드 분석은 정말 중요한 사항이다. 급변하고 있는 현대 사회에서 고객은 항상 새로운 것을 찾고 있고 기업은 소비자의 요구와 수요에 맞춘 새로운 상품을 개발하며 계속해서 글로벌 시장에 출시하고 있다. 글로벌 무역이 일상화 된 현대 사회에서 한 지역에서 인기 있는 새로운 상품은 얼마 지나지 않아 전 세계에서 유행을 하는 경우를 우리는 종종 본다. 전 세계의 바이어들 역시 많은 경쟁 상품과 경쟁 업체를 추월할 수 있는 새로운 아이템을 찾아서 온라인의 많은 포털과 플랫폼을 웹 서핑(Web surfing) 하고 있다. 시장을 리드할 수 있는 경쟁력은 기업이 살 수 있는 길인 것이다.

새롭게 등장하는 트렌드는 또한 새로운 용어를 탄생시키고 있고, 그 새로운 단어는 곧 시장을 선도하는 일반 비즈니스 용어가 되는 것이다. 트렌드를 선도하는 용어의 선택은 남보다 앞 설 수 있게 하는 원동력이다.

세계 시장을 리드하고 있는 브랜드 파악

시장은 계속해서 변화하고 있다. 소비자는 업계를 리드하고 있는 브랜드 제품의 최신 모델을 선호한다. 모델 이름, 버전, 새로운 기능 등에 관심이 많다. e-commerce 플랫폼과 포털의 검색창은 이러한 제품의 브랜드와 모델 이름이 전 세계에서 쉬지 않고 입력되고 있다. 충분한 사전 조사를 하고서 키워드 설정 시 이러한 사항을 최대한 활용한다.

▌ 웹 서핑(Web surfing) 잠재 바이어(Potential buyers)을 연결 시켜주는 키워드 설정

일반적으로 바이어란 현지 국가의 수입업자, 유통업자(딜러)를 의미한다. 이들은 항상 취급 관련 상품 뿐만 아니고 자신이 사업을 하고 있는 지역에서 시장을 선점하고 선도할 수 있는 새로운 상품을 찾아서 온라인 세계를 서핑(Web surfing) 하는 경향이 강하다고 할 것이다. 수출을 위한 영문 키워드 설정 시, 자사의 취급 제품만을 염두에 둘 것이 아니고 관련 업계의 동향과 트렌드를 수시로 점검, 분석하면서 적절하게 매칭이 되는 용어를 선정하고 기본 키워드에 적용시킬 수 있다.

해외 바이어는 자신이 선호하는 국가에서 만들어진 상품을 취급하기 원하는 경우가 많다. 이럴 경우 바이어는 온라인을 통한 검색 시, 항상 원산지 국가를 입력하여 검색을 할 것이다.

예를 들어서 어떤 상품이 중국과 인도에서 저가로 많이 출시되고 있다고 할지라도 바이어는 품질과 디자인이 우월한 상품을 취급하기 원한다면, 그는 자신이 원하는 원산지 국가에 대한 상품을 찾기 위해서 검색창에 국가 단어를 입력하여 검색하게 될 것이다. Made in Korea가 경쟁력이 될 수 있는 이유에 대해서는 굳이 설명하지 않겠으나 많은 해외 바이어들은 한국산 제품을 찾고 있다. 반드시 'Made in Korea' 를 곳곳에 표기할 것을 권한다.

1-3 키워드 마케팅 (Keyword marketing) 적용 사례

아래의 적용 사례는 글로벌 B2B 플랫폼 유료 계정을 사용하여 해외 시장에 프로모션 한 실제 적용 사례인데 수 많은 경쟁 제품들 속에서 최적의 유효 키워드 설정을 통하여 상위 노출을 끌어 내는 것이 이 모든 작업의 목표이다.

이 상품의 경우는 전 세계에 너무나 많은 종류의 유사 상품이 출시되어 있어서 경쟁이 치열하고 세계 시장에 진입하는 것이 쉽지 않은 상품인 것이 확인된다.

▌ 미니 LED 스탠드 등

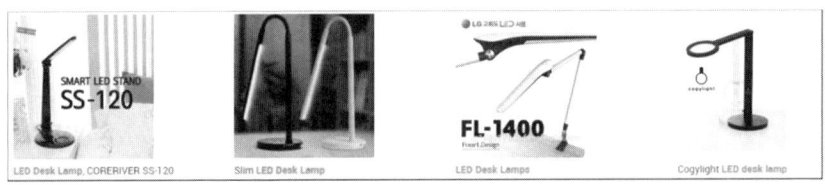

일반적인 LED 스탠드 등과 USB 또는 밧데리 팩을 사용한 미니 LED 스탠드는 중국을 중심으로 다양한 제품들이 현재 해외시장에 수없이 출시되어 있고 가격 경쟁이 치열하다. 이에 세부적인 사항(예: 소비전력, 암페어, 주 수요층 등)을 고려하고 글로벌 업계의 트렌드를 분석한 후 적절한 'keyword'를 설정했다.

- Keyword 설정 내용

usb 5V led stand book light, usb chargeable led stand light, led pc light, led grow light, led flood light, led stand light, led strip light, led street light, 2.5W led light, led desk lamp, led bedroom lamp, stand led lamp, led clip on led stand light, clip on led lamp 등.

VR 렌즈와 이를 적용한 카드 보드 완제품

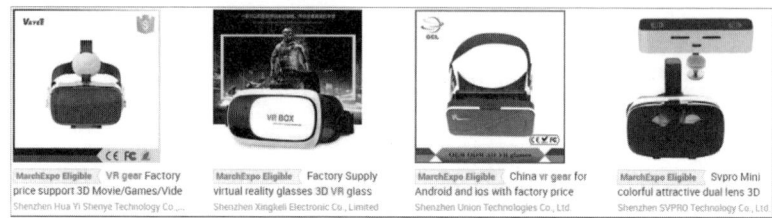

VR 기어는 현재 초기 시장이 형성 되어가는 단계인데 그럼에도 불구하고 중국의 제조 업체를 중심으로 다양한 모델의 저가 제품이 이미 출시되어 있는 상황이다. 현재 이 상품은 아래의 선택한 키워드 범위를 벗어나지 않는다.

- Keyword 설정 내용

3d glasses, vr box, vr lens, adjustable vr lens, nunulo vr lens, nunulo vr box, adjustable lens 3d vr box, vr headset lens adjustable, cardboard lens 3d vr box, lens adjust vr, google cardboard lens, vr gear, vr gear box

여성 청결 티슈

이 제품도 역시 해외시장에 경쟁 상품이 계속해서 출시 되고 있는 상황이다. 위생용품의 경우 브랜드, 상품의 안전 문제, 생산 국가 등이 구매자에게 중요한 구매 포인트가 될 것이다. 잠재 바이어는 화장품, 위생용품, 일반 생활용품을 취급하는 현지 딜러로 한정하여 그 범위의 상품 군을 포함한 키워드로 설정했다.

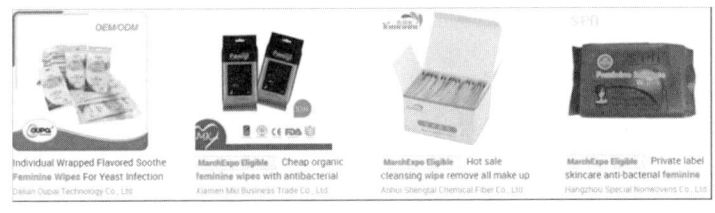

- Keyword 설정 내용

feminine wipes, feminine cleanser, wet wipes, wet tissue, makeup cleanser wipes, makeup remover, feminine wash, feminine pads, feminine hygiene cup, sex cream, sex capsule, feminine care tissues

보안 솔루션 디바이스 (Security Solution Devices)

이 아이템은 다양한 디스플레이 화면 분할과 트랙킹 기능이 접목된 프로그램과 구현 장치를 포함한다. 전체 시장의 규모가 계속해서 확장되고 있는 추세이다. 이 분야 보안 시장의 하드웨어 디바이스 시장은 거의 중국 업체들이 장악하고 있는 상황이다. 첨단 기능을 선호하는 프리미엄 마켓을 겨냥하고 있는 제품으로써 해외의 보안 솔루션 현지 딜러들의 취급 상품을 고려하여 아래의 키워드를 설정했다.

- Keyword 설정 내용

cctv digital matrix controller, cctv hdmi matrix controller, cctv hdmi quad controller, cctv hdmi switcher, cctv nvr controller, cctv dvr controller, hikvision dvr controller, dahua dvr controller, cctv hikvision camera, cctv hikvision dvr, cctv hikvision ip camera, cctv dvr combo kit, cctv dvr 4ch, cctv dvr 16ch, cctv nvr 16ch, cctv 4ch nvr kit, cctv 8ch nvr kit, cctv 16ch nvr kit, cctv nvr 16ch, cctv nvr 32ch, wireless cctv camera, cctv wifi nvr kit, cctv keyboard controller

FPCB 잉크

플렉서블 PCB 잉크를 개발, 제조하는 한국 'Y업체'의 경우, 대표 키워드 검색만으로 첫 번째에서 네 번째까지 Y업체가 Alibaba 유료 계정에 등록한 페이지가 최상위에 랭크 되어진 것을 확인할 수 있다.

업체의 홈페이지를 비롯하여 e-commerce 플랫폼 등 모든 웹 싸이트에 제품 등록 시 적절하고 유효한 키워드 설정이 가져오는 결과물이다.

02 바이어 제품문의 (Inquiry) 사례

업무 특성상 해외영업 관련 지식과 기술(Job Skills)은 현장의 숙련된 선배들로부터 전수되는 특징이 있다. 해외영업을 수행하는 현대의 세일즈맨은 업무에 필요한 외국어(영어는 필수) 능력을 기초로 하여 여러 가지 웹 프로그램과 B2B Website 활용 능력 또한 필수적인 중요한 업무 수행 역량이라고 할 수 있다.

마케팅의 최종 목표인 매출을 창출 하기 까지의 전반적인 과정은 고도의 숙달된 업무 능력이다. 수출을 담당하는 세일즈맨의 이메일 박스는 항상 해외에서 들어오는 많은 거래와 제품에 관련된 문의와 스팸, 각종 정보 메일로 넘쳐난다.

수출의 출발선은 바이어 Inquiry 접수

수출의 출발선은 '바이어 Inquiry (제품 문의)' 메일로부터 시작된다. 해외 세일즈맨의 이메일 박스는 매일 정상적인 Inquiry 메일 뿐만 아니고 각종 스팸, 무역 사기(Trade Fraud)를 목적으로 한 메일, 피싱 메일로 채워지고 있다.

Follow-up management

해외마케팅 담당자는 이러한 종류의 쓰레기 메일을 걸러내고 (E-mail Screening) 진성 바이어의 Inquiry를 선별한 후, 잘 '대응(Follow-up management)'할 수 있어야 한다.

넘쳐 나는 피싱 메일

넘쳐 나는 이메일의 홍수 속에서 사람들은 이메일 제목(Subject)을 보고 아예 열어보지도 않는 경우가 허다하다. 이 통신 수단을 이용하여 전 세계의 사기꾼들이 사기와 해킹, 정보 탈취를 목적으로 한 피싱 메일을 무차별로 날려 보내고 있기 때문에 각별한 주의가 필요하다.

특별히 해외마케팅을 담당하는 세일즈맨은 각종 온라인 웹 싸이트를 통한 개인정보 노출, 전시회 참석을 통해서 전달된 명함의 개인정보 노출로 인하여 이러한 사기꾼들로부터 집중적으로 이메일 공격을 받을 수 밖에 없다. 수출 담당 세일즈맨은 이러한 종류의 이메일을 초기에 걸러낼 수 있는 업무 역량을 향상시켜야 한다. 프로는 이메일의 제목(Subject)만 보고서도 구분이 가능한데 많은 경험이 가져다 준 학습효과라고 할 것이다.

이메일 대응 역량은 해외마케팅 세일즈맨의 필수

각종 Inquiry 사례를 통해서 분석하고 대응하는 역량은 세일즈맨의 필수 업무 역량이다. 숙달된 역량은 불필요한 에너지 낭비를 막을 수 있고, 잠재적인 무역 사기와 피싱의 위험을 예방하는 효과가 있다. 진성 바이어를 잘 선별하여 대응에 집중할 수 있어야 한다. 이를 위해서는 정상적인 클라이언트가 보내 온

여러 가지 유형의 진성 Inquiry를 많이 경험해 보아야 한다.

2-1   Inquiry 유형

[Subject] Please send me more information on your products

Dear Sir,

We are a Turkish company. We produce solid and engineered wood flooring in Turkey.

We want to buy laminate flooring. We need good quality and very cheap price.

If it is possible, please let us know the specification and price of your products.

Best regards,

DR.ENIS SARIAL

Name : Mr Enis Sarial
Company : ESPA A.S.
Country/Region : Turkey
Tel : 90-000-0000-0000
Email Address :   esaoooo@yahoo.com

┃ 짧은 내용의 Inquiry를 보면서 현지 국가와 Client의 사업 영역 등 특성을 파악 한다.
위 바이어가 원하는 것은 'VERY CHEAP PRICE', 기업의 고유한 수출 전략에 따른 기본적인 매뉴얼대로 대응한다.

[Subject] I'm interested in your products

We are Eagle Company which are specialized in heating and cooling in Syria and have been working in that domain for 30 years. We would like to cooperate with your company.
Could you pls. send us the prices with details.

Best Regards,

A waiting your suitable reply we remain.

Eng. Y. Bounni
E-mail:eagle00@000

┃ 전형적인 동종 업계 클라이언트의 Inquiry다.

[Subject] Please send us catalog of your products

Good evening,

Please can you send a full catalogue of your designer radiators as we have high demand for these products.

Please include full photos, demensions, fitting sizes, packaging and finishing quality.

As soon as we receive these details we can start organizing orders.

Regards

Jamie Reeves
REEVESCO

Mr Jamie.Reeves
Email: glob0000@hotmail.com
Mobile Phone:
Tel: 34-664-0000
Spain

| 전형적인 동종 업계 클라이언트의 Inquiry다.

[Subject] I'm interested in your products

Hello!

I would like a price for this delivered to Stockholm, Sweden.

1 unit of HPO145 Model

Mr. Fredrik Nilsson
Email: fnha000@telia.com
Sweden

❙ 내용은 짧지만 전형적인 동종 업계 클라이언트의 Inquiry다. 정확한 모델명을 제시하고 견적을 요구하고 있다.

[Subject] Send me more info. Please.

Could you send me more info. on your products, since I am interested in them. I am a reseller from Slovenia (EU) and am in search of new suppliers. Do you do OEM?

Please get back to me asap.

With regards

Mr. Dejan Ockerl
Company: OD POP d.o.o.
Slovenia

❙ OEM 가능성을 질문하고 있는 전형적인 클라이언트의 Inquiry다.
　OEM (Original Equipment Manufacturing) : 주문자상표부착생산

[Subject] I would like to know the price

Hi,

I would like to know the price for your products.

I am interested in buying 1 unit of YTO725 model.

Please provide us with a quotation.

Thank you.

Yuna Shevcova

Russia

▎전형적인 동종 업계 클라이언트의 Inquiry다.

[Subject] I'm interested in your Office furniture

From : Mr Ahmed Tahir

To : OA System Furniture/K000

Send me your best price for your Office furniture with the big size photos on my email

Tuqa000@gmail.com

Saudi Arabia

▎한 줄의 메세지가 전부이다. **Seller**의 입장에서 판매 제안을 할 경우에는 문장의 형식을 갖추어야 할 것이나, 상품 문의를 하는 해외 딜러들의 이메일은 단순하다고 할 것이다. 전형적인 딜러로 간주하고 준비되어 있는 **Products**

Information 자료로 대응한다.

[Subject] What is your best price for dental autoclave

From : Mr Robert Parkinson

To : Denture Sterilizer/E000

Please send us quote for your product displayed on alibaba.com and what is your delivery time?

Best Regards,

Robert Parkinson

Slum Berger Construction Ltd.

Nigeria

❙ 두 가지 관점에서 분석하자. Inquiry의 출처가 아프리카의 나이지리아다. 특히 나이지리아 바이어의 특성을 파악 할 필요성이 있다. 이 지역에는 무역 사기를 목적으로 접근하는 악성 사기꾼들이 많기에 일단 경계할 필요가 있다. 기본적인 대응 매뉴얼에 따라 정보를 보내도 무방할 것이나, 상대의 비즈니스 영역이라든가 구체적인 업체 정보를 문의하며 Follow-up하고 상황에 따라 대응한다.

[Subject]   Afnanworld Dubai

From : Mr. Ahmed

To : Insert & Doublers/Diapers/F000

We are dealing in baby diapers and export it to different countries , We will give you orders as per our own specifications, but please send me the best rates and samples if possible.

Ahmed
Afnanworld Dubai
United Arab Emirates

❙ 위 Client의 경우, 셀러가 찾고 있는 일반적인 형태의 바이어로써 진지한 접근이 필요하다. 중동 시장 특성상 인근 국가와도 많은 무역 거래를 하기 때문에, 필요 시 바이어가 지정하는 국가, 업체에 직접 Delivery 할 수 있는 신뢰 구축의 필요성과 Delivery 정보를 제공하면 될 것이다. ODM, OEM, Trial Order 등을 언급한 것에 대하여 Seller의 코멘트가 필요하다.

[Subject]   What is your best price for Baby Diaper, Disposables

From: Mr Shahdad Rezaei
To: Insert & Doublers/Diapers/F000

Dear Sir,

First of all, please let me introduce our company, we are main engineering consultant & trading company in Iran.

Now we have a client that they need to packing all size of diapers in our country.
So I appreciate if you send me all details that it will persuade my buyers to have dealing with your company.
We are looking forward to hearing from you soon.

B/R

Shahdad Rezaei
Islamic Republic of Iran

▎위 Client의 경우, 자신의 비즈니스 영역을 구체적으로 밝혔다. 현지 딜러인 무역업체이다. 품질은 기본적인 요소이고 더불어 경쟁력 있는 합리적인 가격의 확보는 필수이다. 전 세계에 수많은 경쟁자들이 있다는 것을 항상 명심하고 제품 경쟁력을 확보해야만 하는 이유이다.

[Subject]　Please send me more information on your Toothpaste

From: Mr Laurence jumbo Ekale
To: Noble "S" Plus Silver & Gold Toothpaste/B0000

Dear Sir/Madam,

We are looking for a reputable toothpaste manufacturing company especially from South Korea that could supply us top quality toothpaste most suitable for smother teeth. Our target price ranges from 0.35 to 0.37usd per 100 gram up.

Such manufacturer should be able to supply at regular basis with one brand name.

If you have quality toothpaste with good price, please contact us at destineecompany0000@yahoo.com.

Cameroon

❚ 두 가지로 분석하자. 상당히 구체적인 접근(Price Range 언급)을 하고 있다. 그러나 무역 사기가 빈번한 국가(카메룬)의 특성을 고려하여 사기성 접근으로도 판단할 수 있다.

[Subject] I'm interested in your CNC Lathe

From: Mr Viviana Gomez
To: Screw for lathe, insert holders, cutter, HSS tools/ T000

Hi, can you give me the price of this lathe machine?

Thanks,

Viviana
Paraguay

｜ 단 한 줄의 Inquiry다. 전형적인 딜러로 간주하고 대응한다.

[Subject] What is the delivery time on bb cream, make up, whitening cream

Hello,
Let me introduce my company.
Beauty "Sandler" opened its doors for the first customers in 1996. Masters of hair salon "Sandler" enhance their skills by attending master classes, salon services is constantly expanding, introducing new products firms partners.
Masters Studio of Beauty "Sandler" have the classic Russian and European education. Inside, the master work of the first class, designers, technicians, makeup artists, doctors, beauticians, masseurs, master of modeling nails, manicure and pedicure. In their work they use only high quality products (professional make-up) well-known brands.

Ukrainian beauty salon "Sandler" offers the following services:
Evening hairstyle, wedding hairstyles, makeup, mink eyelashes,; women's haircuts and styling, braiding French braid, male haircuts, children haircuts, hair biozavivka Mossa, coloring and hair extensions, hair laminating, cutting hot scissors.

Steam bath, massage hiroplastichesky; dermotoniya face and body wraps Reneve Monaco, hardware pedicure Gehwol, nail LCN, Allabella, kriolift Filorga (Paris) - a unique anti-aging method facelift Sothys - and this is not the whole list of masters beauty salon " Sandler.

And sell goods with any work in the salon, beauty and styling products.

Representatives of our salon is in all major cities in Ukraine.
We have a big enough company and working with foreign companies only directly, without intermediaries.

Due to the constant enlargement, we are looking for new suppliers of quality products for our beauty salons.
In search of the internet came across your company and you have an interest in working with you.
Because we are a big company we are interested in large batches of goods.
As you know this is risky, in our time a lot of fakes, according to this we insure ourselves and ask you to send a few samples of your product to assess the quality and assortment. I did not think it will be a big problem for you. Once acquainted with the samples we will be ready to sign a contract with you and cooperate with you in the future.

Yours faithfully
The manager on purchases:
Oksana
Ukraine

❙ 앞에서 학습한 것과 비교하여 약간 장문의 Inquiry다. 먼저 국가(우크라이나)의 특성을 파악할 필요가 있다. 현재 우크라이나는 러시아와의 전쟁으로 인한 경제적 불황이 장기화 되고 있다. 어려운 상황이기는 하나 많은 모델 아카데미

가 활발한 국가이고 특별히 Beauty 산업이 많이 발달한 국가이다. 한국 상품에 대한 선호도와 인지도가 좋은 국가이다. 당장 큰 물량의 오더를 기대하며 접근하기는 어려울 것이나 미래를 보고서 정상적인 접근과 대응을 한다.

[Subject] What is the delivery time on lockers, storage lockers

How much are the plastic lockers, approximately 300 lockers.

Australia

▎역시 단 한 줄의 Inquiry다. 전형적인 업계의 딜러로 간주하고 대응한다.

[Subject] Price inquiry from Costa GEORGE in Australia

Good evening,
I am interested in your 16 channel DVR.
Can you please send me specs and prices/MOQ to my email: rohnin@bigpond.com
I am interested in purchasing 2 units for a sample

Thanks

George
Brisbane, Australia

┃ 전형적인 동종 업계 Client의 Inquiry다.

[subject] please send me your catalogue for airtight food containers

Hello,

please send me your catalogue for airtight food containers.
Do you also have containers with handles?

Regards
Ralf

Company: Hellmut GmbH
Neuenbuerg, Germany

┃ 전형적인 동종 업계 딜러의 Inquiry다.

[Subject] Please send of your products informations

I am Frank Tu from Autralia, I am very interested in your products.
Please send of your products informations to me asap.

Regards,

Frank

My e-mail: frank152@frankprinting.com.au

Mr Frank
Australia

| 전형적인 Client의 Inquiry다.

[Subject] My name is Pedro de Paula from Brazil.

Hello,

My name is Pedro de Paula from Brazil.
I am starting an import export business here at my home country.

I found some of your company`s products searching the internet and I would like to get a company catalog maybe with some quotes.
I am still very small, the volume to start off would be 5-10 boxes by air shipment.
Please send me FOB prices.
I am interested in importing any cutler set, steel products and kitchen ware.
Can you send me samples?
thanks a lot and hope to talk to you soon.

Please add me on skype and msn.

skype- depaula000
msn- 000@hotmail.com

Thanks a lot

Pedro
Depaulalia company

Brazil

▌ 새로운 비즈니스 아이템을 찾고 있는 Client의 Inquiry다. Seller는 항상 Potential Buyer의 접근을 기대하면서 Inquiry 접수 시 잘 대응할 수 있도록 한다.

[Subject] Price inquiry from Umit Basaran in Turkey

Hi,

I would like to know the price for [Pacific Solutions] 4CH, 8CH, 16CH DVR/HVR Series/Support AHD, TVI, 960H, D1 camera, SMART health check.
I am interested in buying 2 Piece/Pieces.
Please provide us with a quotation.

Thank you.
Turkey

▎ 전형적인 Client의 Inquiry다.

[Subject] Price inquiry from Umit Basaran in Turkey

I am Samer ElBanna from Free Trade Co., based in Alexandria , Egypt.
Just I need a quotation for the Milk powder produced by your company.
I will be waiting your price offer on CIF basis ,

Regards,

Alexandria , Egypt.

▎ 전형적인 Client의 Inquiry다.

[Subject] Mark from Ox Communication - Australia

Hi,
Im interested in your car black box. Can you send me quotation MOQ 100 pcs to order some models from you.
Mark
www.ox000.com.au

Mark
Mail to: oxcctv000@gmail.com

┃ 전형적인 보안업계 딜러의 Inquiry다.

[Subject] I'm interested in your product

Hello,

I'm interested in your product, we company in Russia for selling car black box.
Can you send us your price list and description?

Best regards,

Anton
Best Electronics
0112200000@mail.ru
Tel: +7-342-27180000
Russian Federation

┃ Russia에서 온 정상적인 Client의 Inquiry다.

[Subject] William from Bill Technology, Hong Kong

Hi Steven,

This is William from Bill Technology, Hong Kong. Met you at Global Source in Hong Kong and buy a sample from you. I was suppose to see you at the Mega Show, unfortunately I lose the paper you give me which locate your booth number at the show. I was there and search by your company name, brand name, country but no one can locate your booth number, I even call your mobile number but cannot get through. My interest on distribute your product remain unchanged, please let me know are you still in Hong Kong so we can organize a meeting ASAP. I believe there is more to discuss and could you please call me on my mobile and reply to me ASAP.

If you have any queries, please don't hesitate to contact me on my mobile.

Kind regards,

William
Bill Technology
Mobile: +852 91300000

▎해외전시회에서 부스 방문한 바이어의 Inquiry다. 지금부터 해외마케팅 세일즈맨의 역량을 발휘할 때다.

[Subject] I want best price

Dear Sir,

Please send me your best price for Car black box/ 2 channels

Regards,

Touran

Touran Bochnakov

Bulgaria

▎딱 한 마디의 질문을 던진 정상적인 불가리아 Client의 Inquiry다. 내용이 길고 짧은 것은 아무런 상관이 없다. 일반적인 딜러들의 질문에는 공통점이 있다. 사례를 통하여 동일하거나 유사한 표현들을 계속 접하게 된다.

03 판매 제안서 (Sales Proposal)

▌ 판매 제안이란 무엇인가?

제안서는 일반적으로 판매자가 판매 할 제품이나 서비스에 대한 아이디어를 제공한다. 이 제안에 따라 고객이나 구매자는 특정 제품이나 서비스가 제안을 받는 고객에게 어떤 유익과 이익을 줄 수 있는가에 대한 상세한 정보를 담고 있다.

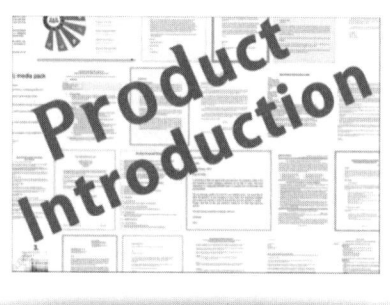

기본적으로 판매 제안은 고객에게 가장 처음 제공되는 제품과 서비스의 정보이며 쌤플보다 먼저 제품과 서비스에 대한 이해를 할 수 있도록 제공하는 전문성을 띤 성질의 것이다. 제품과 기업에 대한 첫 번째 이미지를 주는 도구이기도 하다.

고객은 판매 제안서에 담겨 있는 내용을 보고 구매에 대한 선택을 할 수 있기에 잘 작성 되어져야 한다.

두 가지 경우를 고려하여 판매 제안서를 작성할 수 있다. 첫 째는 잠재고객을 대상으로 한 것이고 두 번째는 판매 제안서를 요청한 고객을 위한 것이다.

▎ 잠재 고객 대상의 경우

- 회사 소개
- 고객에게 제공되는 제품과 서비스의 상세 내용
- 경쟁 업체의 제품과 차별화 하는 요소
- 품질 보증

등에 관한 내용을 담을 수 있을 것이다. 두 번째의 경우는 제공할 수 있는 가격과 거래의 조건이 포함된 상세한 제안서가 되야 될 것이다.

▎ 판매 제안서는 회사와 제품의 신뢰성을 전달하는 첫 번째 도구

그러나 가장 중요한 요소를 한 마디로 정의하라고 한다면 제안하는 회사와 제품의 신뢰성을 잘 전달할 수 있도록 만드는 것이 최상의 판매 제안서라고 할 것이다.

▎ 멀티 플레이어 해외 마케터

규정으로 정해진 형식과 폼이 있는 것은 아니지만 위 항목들에 대한 기술 데이터와 이미지가 포함되는 것이 일반적인 폼의 형식이라고 할 수 있다. 세일즈 일선에서 활동하는 사람이라면 누구나 만들 수 있는 것이다.

해외 중소기업의 경우에 간단한 회사 소개, 제품의 기술 데이터와 Price List 가 포함되어 있는 하나의 폼으로 판매 제안서를 만들어 의뢰가 들어온 클라이언트에게 전달하는 것이 일반적이다. 그러나 정해진 규정은 없다. 업체가 고유의 개성 있는 형식으로 만들면 되는 것이다.

현대 무역 거래에서는 종이 카달로그 보다는 상세한 이미지가 포함된 전자 카달로그를 선호하는 것이 일반적이다. 전자 카달로그는 주로 PDF 형식의 파일을 선호한다.

다음은 이러한 판매 제안서를 이메일을 통해 보낼 때에 판매 제안에 관한 내용을 담은 해외 업체에서 보내온 이메일 사례이다. 이런 판매 제안을 담은 이메일을 보낼 경우에 가장 중요한 요소 중에 하나는 이메일 제목(Subject)이다. 앞에서 언급한 많은 유형의 사기와 피싱 목적의 메일이 많기 때문에 이메일 제목 선정에 신중을 기해야 한다. 보낸 이메일이 열리지도 않은 채 삭제되는 경우가 다반사다.

제품 이름, 회사 이름, 국적을 표기하는 것이 일반적이라고 할 수 있다.

이메일 판매 제안 사례

[Sales Proposal]   From Shanghai Ruty Energy Co.,LTD in China

Dear Sir / Madam

Our company, Shanghai Ruty Energy Co.,LTD, in China, designs, manufactures and exports high quality thermal solar collectors, solar controllers, ect. We, as a manufacturer of solar water heater and solar collector system & accessories, including all glass vacuum tube, heat pipe, etc. With approval of ISO14001 and CE and obtained Key mark, we always treat the quality and quality control as our company's life in the market.

We has more than 10 years' experiences in making solar water heaters.

Under different techniques and appearances, we have four product series for non-pressurized solar water heater with evacuated tubes which are named RTTC, RTTS, RTTR, and pressurized model, RTPH, RTPC, RTPS, RTTP, RTPU, etc .

We've started our new product lines for split pressurized solar water heaters and solar thermal collector for more than 10 years.

Our solar projects cover many areas, such as hotels, factory dormitories, schools, etc.

We can make solar water heaters under your requirements.

As we offer OEM products with your logo.

Minimum quantity is one set of Solar Water Heater, which contains :

1.water tank   2. mounting bracket

 3.vacuum tubes

Delivery time is about 15-20days after receiving 30% down payment .

Payment terms we accept T/T,   while price terms are FOB, CIF..

Please feel free to contact me for further questions.

Looking forward to hearing from you.

Sincerely yours,

Linna

Shanghai 0000 Energy Co., LTD, China

Website:www.0000energy.com

Tel:　　86 21 000000　　　E-mail: linna00@00energy.com

▌ 간략한 업체 소개, 거래에 관한 몇 가지 조건, 업체의 기본 정보, Contact point, 상품에 대한 자세한 정보를 제공 하고 있다. 쉬운 표현과 어휘 사용 그리고 상세한 상품의 정보를 첨부한 비교적 좋은 점수를 주고 싶은 판매 제안서 이다.

[Sales Proposal]　Gifts to Pets Lovers

TO: BACOP Stationery for Life

Dear John Kang,

Hello!

This is Sammy Chan from ABC Pro Limited. As referred by Hong Kong B2s Market Place, we believe you would be interested in our Pets@work – Tape dispensers collections.
Established in 2001, we are a design-oriented Hong Kong company specialized in giftware products.
Our flagship brand PETS@work are intended to add fun and create harmony in working environments and has been enjoying wide appeal in Far East region and European countries.
The feline character "KamKam" and canine character "DonDon" are

infused with aesthetic elements to spread out the "loving pets" message and quality life.

Our products range includes Stationary, PC accessories, Fashion accessories, Home accessories and Pets Items.

Please feel free to visit our official website: www.petsatabc.com.hk and kindly contact us if you want more information.

Look forward to hearing from you soon!

Best Regards,

Sammy Chan

ABC Pro Limited
Address: Flat B, 20/F, EARN Centre, 90 Hung To Road, Kwun Tong, Kowloon, Hong Kong
Tel: (852) 2152 0000
Fax: (852) 2343 0000
Email: 0000_chan@252com.hk
Website: www.0000work.com.hk

❙ 짧지만 할 말은 다 하고 있는 판매 제안서이다. 취급 제품의 범위를 간략하게 언급함으로써 관련 바이어의 관심을 끌게 하는 메시지이다.

[Sales Proposal]   Toms from Glitter optoelectronics

Good day John Kang,

This is Toms from Glitter optoelectronics, Reply to establish long-term trade relations with Alpha Stationery for Life

We'd like to recommend our LED Panel and down light with very good price 5 year warranty, Especially the integrated Emergency driver, hot sale in South Korea market.

Welcome to have SAMPLES for test. I believe our product will help you get good reputation from South Korea market

Certificated by UL, DLC,TUV,GS,CB,CE,ERP,SAA,C-Tick; Glitter is TOP5 LED panel light exporter, ISO9001

(SGS certificate) factory.

LED Panel: 595*595mm, 36w, 120lm/w,

- Easy installation for more kinds of ceiling

- Less weight : Only 2.5KG

- Higher efficiency: 100lm/W & 120lm/W

- SKD available (buying components to produce in South Korea)

LED Down light: 8', 30w, 100l m/w

- High lihgting efficiency, CRI>80, SMD2835.

- Own mold, elegant appearance.

- See attached specification of our Glitter main product.

LED emergency Driver: ALL-IN-ONE design

- Can Work with your LED Panel Light, LED Downlight... etc.

- 1 Hour, 2 Hour or 3 hours emergency time option

- All in one design, LED Emergency Pack= Emergency Pack + LED Driver

- Easy Installation, simply plug-in

- Isolation Safe Design

John Kang , please reply me or just call me directly.

Toms (Manager)

Glitter optoelectronic technology CO., LTD.

GLITTER optoelectronic technology(HK) limited

Mobile:+86-00000000

Add: Huiyida Twon,Bao'an District,Shenzhen City,Guangdong Province,China

Tel: +86 755 000000000

Fax: +86 755 00000000

E-Mail: toooo@ledbody.com

▎ 짧지만 취급 제품의 범위를 Specification과 함께 심플하게 정리한 내용이다.

[Sales Proposal] Information on HVAC equipment from ACOL (Shanghai) Online Controls Co., Ltd., China

Dear Sir/ Madam ,

Have a nice day ! Could you help to send this email to your boss or technical director , thank you !
This is Mary , from ACOL (Shanghai) Online Controls Co., Ltd. we're a professional manufacturer in HVAC area for many years . Specializing in producing various Flow Switch, Differential Pressure Switch, Auto Filling

Valve, Safety Valve, Automatic Air Vent Valve, Expansion Tank, Differential Pressure Transmitter, Temperature and Humidity Transmitter, etc. We combine the design, produce, and sales for integration and have got many patents for our special design. Also we are a professional supplier in the Air-conditioning and refrigeration field for some very famous companies.

We are special supplier of many famous brand such as the Trane and York air conditioning and some other very famous brands, we have got many patents.

Waiting for your early reply. Any questions, pls let me know.

Our website : www.aco00000.cn or http://www.aco00000.en.alibaba.com.

Pls browse and choose the products you need.

We're sincerely to establish business relations with your company.

Thank you and best regards,

Yours sincerely Mary

ACOL (Shanghai) Online Controls Co., Ltd.

Address:No.900000,Chengyin Road,Baoshan District, Shanghai , China

Tel: +86 21 000000,   Fax: +86 21 00000

Mobile phone No. is: 0086-1381000000,   Skype:cycia000000

Email: sale2@a00000.cn

▌ 간결하게 취급 제품의 범위를 언급했다. 항상 "Contact Point"에 대한 정확

한 정보를 줄 수 있도록 한다.

[Sales Proposal] PVC plasticizer

Dear Sir ,

I got the information about ur company from the internet that u are producing PVC products .

And we are selling eco-friendly pvc plasticizer (Epoxy fatty acid methyl ester , Epoxidized soybean oil, which can replace DOP \ DINP \ DOTP \ DBP etc.

And by the way , we are also producing Fatty acid methyl ester (biodiesel) , Methyl Oleate .

Pls do not hesitate to contact me if u need know more information .

Best Regards

Fay Han| Sales Manager

Hebei Jingu Plasticizer Co.,LTD

Mobile : 158300000   Tel/FAX:0311-6000000

Email: gold000001@hbjingu.com,

❙ 특별히 문서의 형식에 구애 받지 않고 자연스럽게 이메일을 통하여 접근하는 형식의 판매 제안이다.

[Sales Proposal]   Plastic duct wire from Jiangsu High Steel Wire Products

Dear Mr. John Kang – Manager,

We are a leading manufacturer and exporter of various kinds of steel wire including flexible duct wire with yearly capacity around 60,000 M/T in Nantong Jiangsu China. We are very interested in supplying you with flexible duct wire. Packing: Z2/carrier/coils. Please let us know whether you are interested in this business with us.

Looking forward to hearing from you soon.

Yours faithfully,
Mr. Yang – Managing Director
Mr. Gu – Export Manager

Jiangsu High Steel Wire Products Co., Ltd.
Address: The East of Xiaohai Town, NETDA, Nantong Jiangsu China
Zipcode: 2260000
Tel: +86-00000
Fax: +86-000000
Mobile: +86-000000
E-mail:export@0000.com
http://www.nt000000.cn

▎간단하게 업체의 생산제품과 생산규모에 대하여 언급하고 상세한 Contact information을 남겼다. 다양한 SNS 툴을 활용한 접근과 대화를 하는 것이 변화한 현대 비즈니스의 특징이다.

04 무역 사기 & 피싱 이메일 사례

   온라인을 통해 온 세계가 실시간으로 정보를 공유하며 네트워크화 되어 있는 현실에서 여러 가지 유형의 이메일을 통한 악성코드 감염, 개인 신용정보 유출과 금융사기가 목적인 피싱(Phishing) 그리고 거래를 가장한 무역 사기(Trade Fraud)를 통하여 많은 피해가 발생하고 있다. 특별히 경험이 없는 수출 초보 기업을 노린 무역 사기가 빈번하게 발생하고 있는데 이러한 사고를 예방하기 위해서는 사례를 통한 학습이 효과적일 것이다. 주로 거래 제안과 이메일 교신(Correspondence)하는 것으로 가장하여 접근하는데 이메일 Subject를 교묘하게 사용하는 것이 특징이다.

| 이메일 제목(Subject)에 답이 있다.

   경험 많은 세일즈맨은 이메일 Subject를 보는 순간 보낸 이의 의도를 거의 100% 파악을 할 수 있다. 무역 업무는 많은 학습과 경험이 필요한 전문 분야이기에 고유한 용어를 많이 사용한다. 피싱이나 사기 메일의 경우 거래를 가장한 실무 용어를 사용하지만 프로는 반드시 헛점을 발견할 수 있고 사고를 사전

에 예방할 수 있는 것이다. 고급 실무 역량이 필요한 이유이다.

❙ E-mail Screening은 수출 실무자의 고급 실무 역량

몇 가지 사례를 통하여 이들이 자주 사용하는 수법과 용어를 익혀본다.

[Subject] Verify your account access

Customer Service mazenkaraki.mk@gmail.com

Dear Customer

  We are contacting you to inform you that our Domain E-mail Account Review Team identified
some unusual errors on your Domain E-mail account profile. This may be due to the following

1.Using a shared computer to access your Domain E-mail account.
2.logging in your Domain E-mail Account from blacklisted IP
3.Not logging off your Domain E-mail account after usage.

In order to safeguard your account, we require that you confirm your Domain E-mail Account
access the following link to complete the verification of your Domain E-mail Account:

Verify My Account

Kindly verify your information for safety purpose

Thanks,
E-mail account team

| 첨부 파일이나 링크 클릭하지 말 것!
Account 항목의 "Verify My Account" 부분을 클릭할 경우, 악성코드 감염의 위험성이 있다.
보낸 이는 [Domain E-mail Account Review Team]이라고 했는데, 이 뿐만 아니고 포털, Alibaba 등 각종 글로벌 플랫폼 업체에서 보내온 것으로 가장하여 계정을 동기화(Verify, 활성화) 하라는 메시지다. 전형적인 피싱 메일의 형태이다.

| [Subject] Re: PURCHASE ORDER URGENT NO. #2166676 & #2166677

Dear Sir/Ma

We sent our PO #2166676 and #2166677 early last week, and up on till now, we have not received any response or PI.

Is there any problem

Attached you will find the Purchase Orders again.

Please check and revert back with PI with best price and ETD ASAP.

Regards

Helen K. Lui/Purchasing Department

Cintacor S.A., Camí de la Serra, 8 – P.I. Coll de la Manya

08403 Granollers – Barcelona (Spain)

Tel.: (+34) 938 000000

compras.sa000@cintacor.com   Skype: marta.navea W

▍구매를 가장하여 P/O (Purchase Order, 주문서, 발주서)를 보내는 것으로 위장한 메일이다. 실무 현장에서는 P/I (Proforma Invoice)가 이전의 P.O나 별도의 Quotation을 대신하는 것이 일반적이다. 국제 거래에서 주로 사용하는 MS Word, PDF 폼이 아닌 다른 형태의 확장자를 사용하는 첨부 파일은 클릭하지 않는 것이 원칙이다. 'Urgent'는 이들이 즐겨 사용하는 단어다.

[Subject] re: fwd: Revised Proforma

Atten.

Please find attached updated proforma invoice.

Regards

❙ 수출 업무 담당자는 항상 진행중인 Order와 바이어 정보를 머릿속에 담고 있어야 한다. 실제 현장에서 거래 진행 시 수시로 P/I를 수정하며 주고 받는 것이 통례인데, 이러한 현장의 실상을 잘 아는 사람이 보낸 전형적인 피싱 메일이다.

[Subject]   Re: Proforma Invoice

Sorry for my late reply to your mail as for our phone conversation last week friday regarding the proforma invoice amendment.
Kindly find attached the revised proforma invoice and check if the stipulated price and also your company information are current to proceed with the advance deposit so we can start production ASAP.
If you have any question or correction, please let me know.

Thank you

Regards,
Lee song.
Sales Person,
Gulf Trade Co. Ltd
Al-Rai, Street No.22, Thailand
Tel : 1800000

❙ 앞에 것과 동일한 수법을 사용했다. 수출 실무에서 최종 오더가 확정되기 전까지 여러 번의 Proforma Invoice 조정(Arrangement)을 하게 된다. 무역의 실무를 알고서 접근했다. 첨부 파일 절대 열어보지 말 것!

[Subject] Re: Packing list and Invoice

Dear Sir,

Am sorry for my delay in reply. it was due to up-going maintainance in our company.
I tried calling you on phone this morning but your number is not reachable.
regards to our phone call on monday and as discussed on previous mail, kindly find the attached profoma **invoice** for the new order.
Note that attached is the amended proforma invoice and design for our shipment,
because price in invoice was not our agreement after the confirmation of your order.
kindly confirm that the stated prices are correct.
We expect to receive the shipment of goods within the specified time on this order.
Get back to us with your confirmation and your profoma for payment arrangement.
Any questions, kindly let me know.
Best Regard,

Shenzhen Keepleader Machinery Co., Ltd.

Ms Helen Wang

Sales Manager,

Address: Rongxing Bldg, Shenzhen, Guangdong, China

Tel : +86-21-6641-0000

Email: goooo@mail.ru

| 새로운 오더 하는 것으로 위장한 피싱 메일이다.

[Subject] Payment Complete

Dear Sir,

We have sent payment for the first invoice. Attached is Payment Copy. We shall make payment for second invoice as soon as we receive copy of B/L. Confirm payment with your bank and get back to us with B/L copies.

Best Regards

Mrs. Rungnapa Amphon

DACHSER (Thailand) Co., Ltd.

42 Rungrojthanakul Bldg., 6th Floor, Ratchadapisek Rd.,

Huaykwang, Huaykwang, Bangkok 10320

Tel.: +66 2653 2000-6 ext.145

Fax: +66 2643 2000

❙ 진행 중인 오더로 위장한 피싱 메일이다. 실제로 실무에서는 바이어의 송금을 확인하기 위해 "Receipt of Payment"를 요구한다. 항상 첨부된 화일의 확장자를 확인한다. 일반적인 경우의 파일 확장자 (jpg, pdf, ppt, doc. etc.)가 아닌 파일은 클릭 금지!

[Subject] Purchase Order

Thanks for your response to our inquiry.
After going through your website.
We need to order the Products of your company as in the website below.
Please let me know if your company is capable of producing and can supply same.
check our attached PO, to see the pictures/ sample of the Product that we need
We need the same exact as in the sample pictures.
After viewing our order please kindly send us a quote and include delivery terms, payment method and terms.
kindly view our order before sending your quotation,
We hope to hear from you soon.
Thank you and best regards,

Jessica Ryan
Purchasing Sales Manager
Company Name; Global Concept,Ltd
Address; Line11st chapel hillway off lucretia aveuen

City; San jose California

■ 구매를 가장하여 첨부 파일(P.O.) 클릭을 요구하는 피싱 메일이다. 최근의 피싱 메일은 국적을 가리지 않고 전 세계에서 무차별로 들어오고 있다.

[Subject] DHL shipment Documents to you

See Attach for confirmation.

Regards,

2015 © DHL International
All rights reserved.

■ DHL의 Notice를 가장한 피싱 메일

[Subject]   Track your shipment

DHL<florence_lnact@alice.it>

Dear Customer,
Your parcel has arrived at the post office.
Our courier was unable to deliver the parcel to you due to incorrect delivery details.
To receive your parcel, download attached receipt and forward to nearest

DHL office.

'DOWNLOAD ATTACHMENT'

▌ 최근에는 DHL, TNT 등 국제 물류업체 이메일로 위장하여 첨부 파일 클릭을 유도하는 피싱 메일이 늘어나고 있다. 무역 업체는 이런 포워딩 업체와 거래를 하고 있는 사실을 알기에 이를 이용하는 것이다.

[Subject]   Purchase Inquiry

We are interested in buying some of your Products. We have visited your website and have made selection. Attached is our Purchase Order. Reply for we need urgent supply.

Aizaz Ali

Spirit-factory Trading Co. Ltd.

Address: Talat Bang Khen,

Lak Si, Bangkok 10210, Thailand

Website: www.spirit-factory.com

Tel: +66 2 940 0000

▌ 구매를 가장한 첨부 파일 클릭 유도 피싱 메일이다.

[Subject]   T/T Remittance

E-mail : Y. S, Lee<qq@wei.com>

Attached the bank receipt for the 50% balance payment made today.
Please let me know as soon as you receive the money into your account,
and send the shipping documents asap.
Thank you.

Y. S, Lee

DOA TEC Co.Ltd
1F, Jangsu-Dong, Namdong-Gu,
Incheon-CITY, SOUTH KOREA
TEL : 82-32-466-0000
http://www.doatec000.com

❙ T/T로 송금(T/T Remittance)한 수출 대금 지불 영수증 확인으로 위장하여 첨부 파일 클릭을 유도하는 피싱 메일이다. 업체의 소재지는 대한민국, 이메일 주소는 중국 것, 이름은 한국 성씨로 위장한 것인데 한국 업체와 거래 경험이 있는 중국인이 보낸 것으로 판단한다.

[Subject]   Please get back to me urgently

Hello Dear,
I want to assist me receive $6.2 million with your bank account, this is genuine transaction and you will benefit 30% of the total sum after the successful claim while 70% will be mine. Please get back to me urgently if you are capable and I will give you full details of the transaction.

Regards,

❚ 유산 상속 받는 것으로 인한 자국의 과도한 세금, 전쟁으로 인한(특히 중동 지역) 위험 때문에 해외로 자금을 송금하여 투자하고 싶고 그 대가로 30%의 커미션을 주겠다고 하는 내용인데 고전적인 수법이다. 이런 류의 사기 메일이 아직도 존재하는 이유는 여전히 그 수법에 넘어가는 사람들이 있기 때문이다.

[Subject] FYI: Standard Purchase Order 56409869

SEE ATTACHMENT FOR YOUR PURCHASE ORDER FROM ON SEMICONDUCTOR.

The attached file containing your Purchase Order can be read with Adobe Acrobat Reader version 5.0 or greater. If you do not have Adobe Acrobat Reader, please ask your Information Services department for a copy; or with their approval, you can obtain it free of charge from the Adobe web site:

http://www.adobe000.com

Daniela Muscat

ON-SEMICONDUCTOR LTD

Phone: (708) 482-0000

❚ 구매를 가장하여 첨부 파일 클릭을 유도하는 피싱 메일이다.

[Subject] Re: Shipping document for August

Good day,

Please find attached the original shipping document for august shipment. Kindly get back to us.

Thank you

Ahmed

❚ 진행 중인 거래에 대한 Follow-up 메일로 위장하여 첨부 파일 유도하는 피싱 메일이다. 선적 서류로 위장한 케이스가 많이 있다.

[Subject]   Re: RE payment confirmation ARRANGE FOR SHIPMENT

* Attached: Remit-US$35,704.97TTPDF.html

Good morning,

You have a lot of work to do.
You will receive a delivery notification associated with the title.
FYI Total Remittance = US $ 35,704.97
Thank you.
Attached is the T/T copy, check with your bank to confirm payment and let us know
When you will proceed with shipment.

Kindly send us the name of shipper and BILL of Lading, Parking and other documents for customs in PORT.
Thank you very much.

Best regards,

Hlaing Kay Khine
ACCOUNT DEPARTMENT
NIFULL INDUSTRIAL FIBRE CO.,LTD

▎진행 중인 거래로 위장하고 T/T 송금 영수증 확인하라고 하는 첨부 파일 클릭 유도 피싱 메일이다.

[Subject] I need your urgent assistance

I am (Mr .Saif Himma) AUDITING AND ACCOUNTING SECTION, African Development Bank. (AFDB) Republic of Benin West Africa I know that this mail will
come to you as a surprise as we have never met before, but need not to worry as I am contacting you independently of my investigation and no one is informed of this communication.
I need your urgent assistance in transferring the sum of $10.35million immediately to your private account.
The money has been here in our Bank lying dormant for years now without anybody coming for the claim of it.

I want to release the money to you as the relative to our deceased customer (the account owner) who died a long with her supposed NEXT OF KIN since 21 APRIL 2006.

The Banking laws here does not allow such money to stay more than 10 years,because the money will be recalled to the Bank treasury account as unclaimed fund. I will send you the full details on how the business will be executed.

Send me your data,

Your Full Name......Your Country........Your Age............Your Occupation.....

NOTE you have to keep everything secret as to enable the transfer to move very smoothly into the account you will provide to the bank. As you finished reading this letter call me immediately so that we will discuss very well over this business or send mail to me immediately.

Please reply urgently to this number, +22966557000

Regards,

Mr .Saif Himma

❙ 상속과 해외 송금 문제 등을 거론하며 개인 정보를 요구하는 고전적 수법의 피싱 메일이다.

[Subject] Re:Invoice DS.ROT.15.048161.xlsx

I sent this PROFORMA INVOICE earlier kindly check and inform me immediately.

Please Find attached ....

| 진행 중인 거래로 위장, Follow-up 중인 것으로 오인하게 하여 첨부 파일 클릭 유도하는 피싱 메일이다.

[Subject] Confirm check B/L Copy, Packing List and Proforma Invoice

Hello.

Sludge operation, confirm check B/L Copy, Packing List and Proforma Invoice.
We send you the shipping documents.
Below is a schedule of the weekend schedule in progress.

MAWB: 406-8176 7070
FLT NO: 5X0064 14: 00/16: 00
HAWB: NKEL140034

PTR DETAIL:
AIR SEA WORLDWIDE TAIWAN LTD.
6F, NO.1, FU HSING NORTH ROAD, TAIPEI
TAIWAN, R.O.C.
Thank you & Best regards,
Se Hee Kim

❙ 이 건은 Air Waybill로 위장을 했다. 국적은 타이완, 보낸 이의 이름은 한국 이름을 사용하여 진행 중인 거래의 선적 서류 확인을 요구하는 것으로 가장한 피싱 메일이다.

[Subject] NEW ORDER

Kindly find the attached of the enclosed New Order for the month of July and advice the delivery date asap...

B. Regards

Thanks & best regards,
Pawan Kumar, Purchase manager
Permasteelisa Gartner Middle East LLC
Dubai Investments Park 2 | PO Box 71451, Dubai UAE

❙ 새로운 오더 하는 것으로 가장한 피싱 메일이다.

[Subject] Quotation request

Dear Sir/Madam,

We are interested in purchasing your products and we sincerely hope to establish a long-term business relation with your esteemed company. Please kindly contact us via below 'email send' for your latest catalog. Also, inform me about the Minimum Order Quantity, Delivery time or FOB, and payment terms warranty.

Your early reply would be highly appreciated.

Thank You

Regards,

Lina Jones

Purchasing Manager., General Trading llc.

Burj Khalifa Business Bay Area,　44921, Dubai, UAE

Tel: +971 4-0000000

❚ 견적 요청을 가장하여 'email send' 클릭을 유도하는 피싱 메일이다.

[Subject]　RE: Quotation request

Dear sir

Thanks for your Order confirmation.

Please find the pro forma invoices with respect to our discussions…

Look forward to receive the signed and stamp copy asap.

Thanks once again for your kind support.

Thanks & Best Regards

Judy

Mob: 15900400000/WhatsApp: 15900400000

Add:.PanChuan Road.Baoshan District,Shanghai,China.

| Inquiry에 대한 Follow-up 하는 것으로 위장하여 견적을 요청, 첨부 파일 클릭 유도하는 피싱 메일이다.

[Subject] RE:FW:Check B/L Copy, Packing List and Proforma Invoice

Dear Sir/Madam.

I have attached for you to check B/L Copy, Packing List and Proforma Invoice as we send you the shipping documents
Below is a schedule of the weekend schedule in progress.

DATE: 2016.11.04
MAWB: 406-8176 7070
FLT NO: 5X0064 14: 00/16: 00
HAWB: NKEL140034
APL LOGISTICS CO., LTD.
SEOUL, KOREA
TEL: 82-2-2664-0000   FAX :82-2-2665-0000

| 발신지를 한국의 Logistic 업체인 것처럼 속이고 선적 서류로 위장된 첨부 파일 클릭 유도 피싱 메일이다.
[Subject] BUSINESS CONTRACT

Dear valued Supplier,
We got a recommendation of your company , We have set up for our

strategies and knowing that quality is our upper most concern.

Our IT engineer have configured your email ID to our business contract file below, As our trusted supplier **you need to login to our link file below**, Please check the link file for our purchase details.

Business Contract document

Thanks,

Company Name Cut 'n Form Sp. Z O. O.

Contact Person Mr Lukasz Stroinski

Company Address Krotka29/31, Czestochowa, Poland

❙ 계약서로 위장하여 첨부 링크 파일 클릭을 유도하는 피싱 메일이다.

[Subject] Re:Quotation for floors--from Bob

Dear manager

Could you please give me a full spec ..

Solid oak 18mm x 125mm,120mm random length, engineered wood 18mm x 125mm 120mm random length

and any other sizes and species you might think relevant.

Please quote me prices and terms I look forward for your response.

We will consider a trial order 20″ container depending on your price quotes compared to market prices,

subject to our target price.

Thank you

Regards
Raj/United Kingdom

▎내용상 전형적인 동종 업계의 딜러로 보일 수도 있겠으나 고려할 사항들이 있다. Trial Order의 경우 굳이 컨테이너 베이스로 할 필요는 없다. 사기꾼들은 대량 오더에 대한 언급을 많이 하는 특성이 있다. 위의 경우 90프로 이상 피싱 메일로 판단된다.

[Subject] Dear Friend

I am Col.Hussein Harmush,An Army officer from Syria but now living with the United Nations on asylum in Canberra city of Australia.
I got your contact from Syrian - American Army officer who was injured in the ongoing Syrian war but died last week while receiving medical treatment. I want to seek your assistance and guidance on my investment plan in your country,
Get back to me if you could help.

Best Reagrds,
Col.Hussein from Canberra Australia.

▎투자 제안을 가장한 사기성 메일이다.

[Subject] Alibaba의 Inquiry 통지 서비스를 가장한 피싱 메일

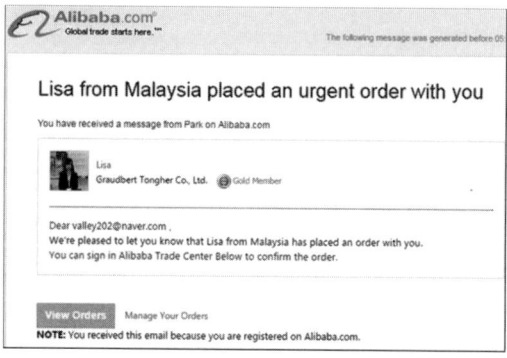

▎최근에 이런 사례가 늘어나고 있다. 실제 웹 화면과 구분하기 힘들게 위장했다. 해외마케팅 실무자의 업무용 이메일은 전 세계에 노출이 되어있기 때문에 피싱과 해킹의 주 타겟이다. 사용자의 각별한 주의가 요구된다.

[출 처]

[http://www.corporate.globalsources.com/INFO/PRESS/2017/MAR16.HTM,
https://www.alacra.com/blog/alacra-interviews-kompass-ceo/,
http://www.kompass-international.com/Corporate/en/home/about-us/network/membres/France.html,
https://tribune.com.pk/story/984839/tradekey-com-debunks-bankruptcy-rumours-eyes-1b-valuation/,
https://www.chinacheckup.com/blogs/articles/china-sourcing-websites,
https://www.pinterest.co.kr/pin/315603886357936365/, Report of 'Brand Finance Global 500, February 2018, inc42.com, Dec. 15. 2017, www.businessinsider.com, Jul. 24. 2015, Business Insider Inc., U.S., www.livemint.com, Jun. 05. 2013, U.S, www.pwccn.com, 'Total Retail 2017, Report', Pricewaterhouse Coopers Limited. Hong Kong,] https://www.b2bsites.net, http://blog.ecomsol.ru/b2b__2016, GLOBE NEWSWIRE, U.S., https://globenewswire.com/news-release/2017/11/02, https://globenewswire.com/news-release/2017/11/02/1173614/0/en/United-States-B2B-eCommerce-Platform-Market-2017-2023.html, https://www.forbes.com/sites/ryanmac/2015/07/01/paypal-acquires-digital-money-transfer-company-xoom-before-ebay-split/#39ccf7852663, SimilarWeb LTD., Israel, Website, 5 Feb. 2018. www.similarweb.com, Statista GmbH, Germany, Website, 5 Feb. 2018, www.statista.com, iResearch, China, Website, 6 July . 2017, https://www.crunchbase.com/organization/xoom#section-overview, http://nocamels.com/2016/10/fintech-digital-payments-company-payoneer-raises-180-million/, https://expandedramblings.com/index.php/alipay-statistics/, https://www.inc.com/encyclopedia/sales-contracts.html, http://www.businessdictionary.com/definition/contract-of-sale.html, https://www.thefreedictionary.com/international+logistics]

글로벌 B2B.B2C e-Commerce 온라인 해외마케팅

초판1쇄발행	2018년 4월5일
지 은 이	강 승 원
펴 낸 곳	지에치테크
주 소	경기도 부천시 길주로77번길 55-23, 202호(상동, 태영프라자)
출판등록일	2018년2월26일(제2018-000017호)
홈 페 이 지	www.moyazone.com
E -mail	ghtech202@gmail.com
Tel.	(032)328-0757
발 행 인	강 승 원
종이책 ISBN	979-11-963546-0-2

| 저작권법에 따라 이 책의 무단 전재와 복제를 금합니다.
| 잘못된 책은 바꾸어 드립니다.
| 책값은 뒤표지에 표기되어 있습니다.

이 도서의 국립중앙도서관 출판예정도서목록(CIP)은 서지정보유통지원시스템 홈페이지 (http://seoji.nl.go.kr)와 국가자료공동목록시스템(http://www.nl.go.kr/kolisnet)에서 이용하실 수 있습니다. (CIP제어번호: CIP2018010236)